FOLLOW YOUR dreams

Rendirse no es una opción

Ilustraciones de **Michelle Macias**

Montena

Primera edición: septiembre de 2018

Printed in Spain – Impreso en España

ISBN: 978-84-9043-987-6
Depósito legal: B-10.926-2018

Compuesto en Compaginem Llibres, S. L.

Impreso en Limpergraf
Barberà del Vallès (Barcelona)

GT 3 9 8 7 6

Penguin
Random House
Grupo Editorial

A todos los soñadores dispuestos a acompañarme
en mil y una aventuras
Para mis seguidores
Para ti

CAPÍTULO 1 ♥ *El concurso*

Viernes, 4 de noviembre
14.53 horas

«No eres tú, no eres tú, no eres tú, soy yo...» Pause. Lo del pulgar no me acaba de convencer. Señalarse el pecho a la vez que Demi Lovato y Luis Fonsi pronuncian la palabra «yo» está tan visto que me siento ridícula al ejecutar el movimiento. Los golpes en la puerta de mi cuarto me sacan de mi mundo particular.

—Hija, como no te des brío no llegas a clase, así que espabila.

—¡Ya va, ya va! —grito desde mi cuarto.

Cojo el móvil, desconecto la cámara frontal y agarro la mochila con la otra mano. Lo de tener clases por la tarde, aunque solo sea dos días a la semana, es mortal. «A ver quién es el guapo que se concentra ahora en los presocráticos después del plato de lentejas que me he metido entre pecho y espalda», pienso mientras bajo las escaleras de tres en tres.

Ahora toca recorrer las ocho calles que me separan del instituto a la velocidad de la luz. ***Odio ir con prisas***, la verdad, pero últimamente mi vida se basa en robarle tiempo al tiempo para poder llegar a todos los lados.

Si los planes molones de cualquier adolescente de dieciséis años son infinitos, nadie puede imaginarse cómo son los de alguien que, además de eso, es un personaje influyente en las redes sociales. Ser una estrella de Musical.ly no es fácil, y aunque todo lo que eso me ha aportado es positivo, a veces deseo que el reloj vaya un poquito más lento y que me regale unas pocas horas más al día. Con un par bastaría, no pido más...

—¡Tía, pensaba que no llegabas! —me regaña María desde su sitio en cuanto me ve aparecer por la puerta de la clase.

María, una de mis mejores amigas, es especialista en agobiarse en cero coma y en gesticular exageradamente como si estuviese en una serie de Disney Channel. Sus 1,59 centímetros de estatura la hacen pasar desapercibida en cualquier lugar, pero en cuanto abre la boca ya nadie puede ignorarla. Si hay alguien capaz de competir por el título de la persona que habla a más velocidad del mundo, esa es María.

—Tranquila, el planeta sigue girando y yo he llegado un minuto antes de que suene el timbre —le digo enseñándole la hora del móvil—. ¡Chica, **Keep calm**!

Bip. Bip. Un whatsapp entra justo en ese momento. «Acuérdate de silenciarlo, Laura.»

—¿Qué pasa, que tus miles de fans no saben que tú también tienes clase?

La voz burlona de Manu ataca por la retaguardia. Es un pesado. Manu es el típico grano que te sale en toda la frente cuando tienes algo importante que hacer y que, por mucho que tapes con un poco de base, tiene tal volumen que parece el monte Everest. Sus ojos azules, su sonrisa de anuncio y esos hoyuelos en las mejillas hacen de él un seductor nato. Lástima que a veces sea tan burro y engreído que hasta llega a caer mal. Eso es algo que yo sé de buena tinta. Pero Manu es mi amigo desde la guardería y a pesar de las veces que desearía haberlo fulminado con la mente, lo quiero. Junto con María, Eva y Andrés, Manu es mi bestie y una de las piezas indispensables de mi squad.

—No pierdo la esperanza de que un día te atragantes con las albóndigas de tu madre... —le susurro con medio cuerpo vuelto hacia atrás, lugar donde se sienta.

La profe está colocando sus libretas en la mesa, por lo que aún me da tiempo a echar un ojo al móvil. **Cinco whatsapps de Elia.** Tiene que ser importante.

E Dime que sigues viva!

E Es muy fuerte tía! 😱

E ♥♥♥♥

E Me muero, me muero, me muerooo

E No me digas que te ha dado un chungo de verdad?

¿Eing? L

Elia es superefusiva y sus niveles de emoción sobrepasan los de cualquier persona normal, incluso si el motivo es algo tan absurdo como descubrir un nuevo filtro de Snapchat. Pero es que Elia es así, y a mí me encanta. Además, es de las pocas personas que puede entenderme con todo lo relacionado a la popularidad en redes, porque ella también es una crack de Musical.ly y toda una influencer. Tuve mucha suerte de conocerla en aquel evento que organizó YouTube hace casi un año, en el que empezamos a hablar como cotorras. Elia y yo conectamos enseguida, y aunque no nos vemos todo lo que quisiéramos porque vivimos en diferentes ciudades, no hay día en que no charlemos por Whats.

E Cómo que «eing»? Eso es todo lo que tienes que decir? Definitivamente, se te ha colapsado el cerebro XD

E 💣💣💣😳😠

Tía, no sé de qué hablas. Me pillas en clase de filo así que suelta lo que tengas que decir L

E No has recibido un correo de Musical.ly?

Mmm... No sé L

E Espero que estés sentada, porque cuando te dé este notición vas a empezar a hiperventilar.
Ay ayay, que no me lo creeeo.

Va dilo ya, ¿quéeé? L

E [Grabando Audio]

Audio nooo. Vale, la profe no me ha visto tecleando bajo la mesa, pero para oír la nota de voz tengo que ponerme el móvil en la oreja, sí o sí. Vale, ya me ha llegado. A ver, si me pongo el pelo hacia un lado disimulo bastante... Play.

E Pues que ya puedes empezar a darle caña al nuevo tema de The Rocks. Musical.ly organiza un concurso europeo para conocerlos y salir en su nuevo videoclip, y TÚ tienes que ser la ganadora, me oyes?

—¡Aaah!

He gritado de forma inevitable, como inevitable es que **TODA** la clase me haya oído. Y cuando digo **TODA** me refiero a mis compañeros y a La Espeto, la profe de filo. Es tan seca y tan estirada que se ha ganado ese apodo a pulso.

—Señorita López, veo que le interesa más lo que dice su móvil que lo que yo explico en la pizarra. Tal vez lleva la lección tan aprendida que se aburre con mis explicaciones. Imagino entonces que podrá resumirme qué decía Tales de Mileto, ¿verdad?

Lo que faltaba. Estoy en blanco. Completamente. De hecho, podría haber estado explicando cómo Kim Kardashian se hace el contouring, que yo no me habría ni enterado. **Pillada máxima.** La cara de la profe se ha puesto roja en medio segundo y la vena de la garganta se le ha hinchado a saco. Una olla a presión es la calma pura en comparación con ella. La he liado, y mucho.

—Si no quiere que la magia la haga yo y haga desaparecer su móvil hasta el fin de los días, démelo ahora mismo.

—¡Seguro que no puede soportar estar una hora sin responder a sus fans! —grita Raúl, uno de los niñatos insoportables de la clase.

—Cállate, *pringao* —replica Manu—. A ver si la magia te la hago yo en la cara después de clase...

—¡Se acabó! —brama la profesora—. Deme el teléfono o se va directa al despacho del director, señorita López.

Saco el móvil de mi mochila y con todo el dolor de mi alma se lo doy a la profesora. Me da igual la vergüenza que estoy pasando o la bronca que me pueda caer. Lo peor de todo esto es que no puedo saber los detalles del concurso de The Rocks y la ansiedad se está apoderando de mi cuerpo por segundos. ¿De verdad puedo tener la oportunidad de conocer a mi **banda favorita**?

Desde hace dos años, no hay otro grupo que gobierne mis listas de Spotify. Adoro sus canciones, las letras con tanto sentimiento y, sobre todo, los ojos verdes de Jack, el cantante principal. Es tan tan tan tan y tan mono, que a veces creo que es producto de un testeo de realidad virtual. ¡Lo que daría por ver esos ojos en persona!

—¡Ah! —interrumpe La Espeto mis ensoñaciones con su voz de urraca—. Olvídese de recuperar el teléfono hasta mañana.

—¿Quééé? —respondo con los ojos como platos.

—¿Quiere que el plazo se alargue a toda la semana?

Mis ojos contestan por mi boca. ¿Cómo puede ser tan bruja? Pero mejor me callo porque, si no, se puede liar parda, y ya tengo bastante con esto. ¿Cuánto queda para que suene el timbre?

—¿En serio estáis todos sin datos? —pregunto con desespero.

Aún no hemos podido enterarnos de qué va el famoso concurso de Musical.ly y The Rocks. Entre la clase de filosofía y la de geografía que seguía después he tenido escasos minutos para contarle al grupo la noticia de la competición. Ahora, después de clase, es momento de saber *cómo participar*, pero nos falta algo básico: datos en el móvil para usar internet. Ni siquiera Andrés, que es el más precavido de los cinco y que cada mes hace sus cálculos para que le duren los datos, tiene conexión esta vez.

Porque Andrés es lo que se dice un sabelotodo. ¡Siempre tiene respuestas para todo! Eso sí, basadas en evidencias empíricas, científicas o como demonios quiera llamarlas. Por algo es quien mejores notas saca de todos... ¡Andrés es un cerebrito! A veces puede resultar repelente porque su capacidad para soñar despierto queda aplacada por su pensamiento excesivamente racional. Si fantaseas con algo, Andrés se encarga de bajarte de nuevo a la Tierra y de ofrecerte las explicaciones necesarias para que entiendas que tu sueño nunca se hará realidad.

—¡Chicos, lo tengo! El wifi de la biblioteca a veces funciona... —comenta en voz muy alta Eva, que inmediatamente se pone roja como un tomate. La emoción de tener internet le ha hecho alzar la voz más de lo que ella suele hacer, y escucharse a sí misma a tanto volumen le ha provocado una oleada de vergüenza que se ha evidenciado en la tonalidad de su cara.

Eva es la más tímida de todos. Es un poco más alta que yo, tiene el pelo rubio y liso, muy largo, aunque siempre lo lleva recogido en una coleta o una trenza. No es muy habladora: a ella le gusta más bien escuchar. Es observadora, siempre atenta a lo que pasa a su alrededor en un discreto segundo plano. Esa timidez se mezcla con un sentimiento de inseguridad que hace que nunca se atreva a destacar ni a brillar con luz propia, una luz que yo me muero de ganas de ayudarla a sacar.

—Gracias, Eva, *eres la mejor* —digo mientras le doy un beso en la mejilla y cojo su móvil para entrar en mi correo—. A ver, contraseña... Mmm... okey. Vale, Bandeja de Entrada... ¡Vamos, que es para hoy! A ver... ¡Aquí! ¡Lo tengo, aquí está!

Nos sentamos en un banco de madera de una plaza cercana al instituto. Por fin la página se carga y puedo leer en voz alta el contenido del correo.

Musical.ly tiene el placer de celebrar uno de los concursos más increíbles de su historia.

Y si has recibido este correo...
¡es porque creemos que lo puedes ganar!

Queremos que nos demuestres tu potencial usando nuestra red social y que lo hagas como mejor sabes: montándote una coreografía con un tema musical. La diferencia en este caso es que la canción te la damos nosotros: «Dancing with you», de los americanos The Rocks.

THE ROCKS
JACK

¿Por qué esta canción? Muy sencillo. The Rocks estarán en Europa, concretamente en Londres, el próximo 13 de noviembre para rodar el videoclip de esta canción. ¡Y necesitan una gran coreografía y unos bailarines que la ejecuten! ¿Te gustaría formar parte del vídeo musical junto con tus amigos?

Para participar en el concurso tienes que crear una coreografía original e inédita y conseguir que se haga viral.

ATENCIÓN:

Este es un concurso que Musical.ly convoca a nivel europeo, con lo que la competencia será dura. Tendrás que poner todo tu ingenio e imaginación si quieres ganar.

¿Estás preparada/o?

Podéis participar en grupos de entre cinco y ocho personas, mayores de dieciséis años, y los vídeos tienen que publicarse antes del 6 de noviembre a las 24.00 horas.

¿Por qué? Pues porque el lunes 7 de noviembre, a las 12.00 horas daremos a conocer el nombre de los ganadores, que viajarán *a Londres* no solo para conocer a *The Rocks*, sino para optar a *salir en su videoclip*. Y es que aquí no acaba la cosa...

Los participantes de los ocho vídeos con más visualizaciones de ocho países distintos se verán las caras en la capital inglesa en una *final* en la que tendrán que hacer sus coreos en directo y ante un jurado. Ellos serán quienes determinen qué grupo bailará finalmente en el videoclip junto a The Rocks.

Apunta bien las fechas:

–6 de noviembre a las 24.00 horas: **FIN DEL CONCURSO**

–7 de noviembre a las 12.00 horas: **ANUNCIO DE LOS 8 GANADORES**

–11 de noviembre: Vuelos a Londres + traslados al hotel

–12 de noviembre: Final ante jurado

–13 de noviembre: Rodaje del videoclip junto a The Rocks + vuelta a casa

¡Te deseamos mucha suerte!

—Estás flipando si crees que me voy a poner a hacer el tonto ante medio mundo para que puedas conocer a tu *amorsito* en persona... —salta Manu.

—¡Qué raro! Tú echándote atrás antes de empezar... —replico con sorna.

—¿Cómo que «¡qué raro!»? ¿A qué te refieres? —me dice él fulminándome con la mirada.

—Pues que es muy típico de ti. Que mucho blablablá siempre, pero luego, a la hora de la verdad, *eres un rajado*—contesto cansada de sus negativas—. Si es que al final va a ser verdad que lo que te pasa es que tienes miedo de no estar a la altura de Jack.

Mi frase ha caído como una bomba. Manu se acaba de poner rojo de rabia y aprieta la mandíbula. Lo que le he dicho lo ha fastidiado, y mucho, y eso es algo que el resto del grupo puede percibir. Voy a aprovechar el efecto para meter más el dedo en la llaga e intentar hacerle cambiar de opinión.

—Le tienes tanta envidia que ni siquiera ves esto como una oportunidad para irnos todos juntos a Londres y vivir un finde brutal. No, claro que no. El señorito está más preocupado por si Jack acapara más la atención de las chicas que él... ¡Espera! O eso, o va a ser que a TI también te gusta Jack...

—¿Tú eres tonta o qué te pasa? A mí el Jack ese solo me provoca asco por lo ridículo que es...

Manu acaba de explotar.

Todos observan nuestro duelo verbal como si estuvieran en el cine. Ninguno se atreve a hablar, no sea caso que los dardos envenenados de la discusión acaben por salpicarlos.

—Pues si tanto asco te da, ¿por qué no se lo dices a la cara? No tendrás mejor oportunidad que esta... ¿O es que te da miedo aceptar un reto como este? —lo desafío.

—¿Miedo? ¿Miedo yo? Mira, guapa, el que me debería tener miedo a mí es él... ¿Cuándo has dicho que hay que enviar el vídeo?

¡Sí! Conozco tan bien a Manu que sé perfectamente dónde debo pincharle, y mi táctica ha surtido efecto. Tiene ese puntito de ego que es capaz de llevarle a hacer aquello que minutos antes habría negado. Y la prueba está en que acaba de aceptar ser parte del grupo de baile de la banda que más odia: The Rocks.

—Bueno, ahora falta que nos elijan... —interviene Eva—. Es un concurso europeo, ¿sabéis la de gente que se va a presentar?

Las palabras de Eva, llenas de razón, han hecho que la fantasía en la que ya nos habíamos sumergido todos se tambalee. La competencia va a ser dura y las posibilidades que tenemos de ser seleccionados son muy escasas.

—Cierto, pero también es verdad que, primero, si Musical.ly le ha mandado el mail a Laura es porque cree que puede ganar, y, segundo, se trata de hacer que el vídeo se haga viral, y Laura tiene un perfil superpotente con un montón de fans que lo dan todo por ella —puntualiza con tranquilidad Andrés—. Estadísticamente, existe un alto porcentaje de probabilidades de que, por lo menos, nos seleccionen para ir a Londres. Luego ya...

—¡Tiene razón! —admite María—. Así que ya estamos tardando en ponernos a ensayar. Porque habrá que ensayar, ¿no? Y la ropa... ¡La ropa! ¿Qué nos ponemos? Porque no olvidéis que un buen outfit puede hacer que cualquier patoso parezca un buen bailarín... Lo siento, Andrés, pero esto lo digo por ti...

Por su cara, se nota que a Andrés no le ha hecho mucha gracia ese último comentario, pero sabe que es absurdo replicar, porque en el fondo, María tiene un punto de razón.

—¡Calma, chicos! Hoy es día cuatro... tenemos tres días, bueno, dos y medio, para diseñar la coreo, practicar, grabarnos y lograr que se haga viral —resumo.

—Dos días y medio con sus noches correspondientes —añade Andrés.

—Buen apunte —comento—. Lo mejor será que nos dividamos el curro. Yo traigo la cámara y el trípode y, por supuesto, me encargo del baile. María y Eva, vosotras os podéis ocupar de la ropa, el maquillaje y los peinados.

—¡¿Maquillaje?! —exclama Manu abriendo los ojos como platos.

—¡Solo para nosotras, burro! —le contesto en tono de colegueo total.

—¿Y nosotros? —pregunta Andrés, que no sabe muy bien en qué podría emplear sus dotes lógicas en esta misión.

—Vosotros os encargaréis de buscar un sitio donde ensayar y grabar el baile. ¿Lo hacemos el domingo por la mañana? —propongo.

—Tampoco tenemos mucho margen para elegir. El concurso termina el domingo por la noche —apunta Eva.

—Tendremos tiempo, no sufras —le respondo guiñándole el ojo—. ¿Qué hora es? Las cinco, vale. Yo necesito un par de horas para crear los pasos. ¿Quedamos a las ocho para hacer el primer ensayo?

—Pero ¡si aún no tenemos sitio donde hacerlo! —se queja Andrés.

—Ay, tanto cerebro y tanta matemática y al final tu parte la voy a tener que resolver yo... —le digo con tono de broma—. ¿Tus abuelos no tenían el garaje vacío?

—Así es —contesta.

—Pues, ale, asunto arreglado. Nos vemos en la casa de los abuelos de Andrés a las ocho —sentencio.

Subo las escaleras de dos en dos, doy un portazo, pego un grito anunciando que ya estoy en casa y me encierro en mi cuarto a toda prisa. Tengo poco tiempo para inspirarme e idear la coreografía más molona del mundo para «Dancing with you». **¿Y si ganamos?**

Bip. Bip. Mensaje de WhatsApp.

E Lo has leído ya?

L

Tía, perdona, movida en clase...
Sí, sí, estoy que me mueroooooo.

E Estoy en clase de refuerzo, no puedo hacerte audios.
Ya tía, si sabía que te iba a dar algo cuando lo vieras.
Con tu talentazo estoy segura de que lo vas a lograr.
Este premio es tuyo! Con quién lo vas a hacer?

Con el grupo, ya sabes. L
He tenido que convencer al tonto de Manu
que como siempre, se ha puesto a rajar
de Jack. Pero todo OK. Esta tarde
ya tenemos el primer ensayo.

E Cuándo te vas a dar cuenta de que a Manu le molas?
Tanto odio a Jack no es normal...

Qué dices loca? L
Manu solo se fija en chicas tipo Alexis Ren,
lo opuesto a mí. Qué va!

E Tú hazme caso... Bueno, cuenta conmigo
para ayudarte a viralizar el vídeo en cero coma.

Pero tú no vas a participar? :-O L

E Noup. Mis padres me tienen castigada
después de los últimos siete suspensos.
Ya es un milagro que me dejen postear un
vídeo a la semana en Musical.ly.

¡Mis padres! No había pensado en que en algún momento iba a tener que decírselo. Vale, yo no he tenido problemas de suspensos como Elia, pero sí que hay unas normas en casa que debo seguir si quiero mantener mi *alter ego* en redes activo. Tendré que convencerlos, sobre todo a mi madre, que es quien más estricta se pone con ese tema.

E Además, no querrás que te robe a Jack, no?

No serías capaz! Te mato XD L

No, en serio, siento que no puedas...

E Ya habrá otros concursos, no worries.
Además, aquí la fan de The Rocks eres tú.
Ya me echarás un cable tú cuando se
trate de conocer a Giants ♥♥♥
Por ellos sí que soy capaz de irme a
Londres en barca si hace falta Jajaja

Te creo nena. L

Oye, pues mil gracias, en serio...
Te dejo, que tengo que inventarme la coreo
y convencer a mis padres, que es aún más difícil.
Luego te cuento. Kiss

E Suerte, nena. Lo vas a petar!

Tomo aire y me armo de valor para salir del cuarto y dirigirme a la terraza donde está mi madre regando las plantas.

—Hola, mamá.

—Ay, hija, ¿ya estás aquí? No te he oído llegar.

—Ya, bueno... Acabo de entrar. Oye, quería hablar contigo...

—Uy, ese tono de pena me dice que me vas a pedir algo. Ya te di veinte euros el lunes, así que olvídate de pedirme más dinero.

—No, no. No se trata de dinero. Verás... ¿sabes?, ¿The Rocks?

—Soy tu madre, si yo no sé quiénes son The Rocks, no lo saben ni en Los 40.

Bien, está de buen humor.

—Verás, hay un concurso... Un concurso de Musical.ly donde el premio es ir a Londres y conocerlos. Y bueno, yo... yo, es que ya sabes que me muero si puedo verlos en persona, pero es que el premio también te permite salir en su videoclip bailando, ¿a que es superfuerte? —digo con emoción.

—Sí que es fuerte, sí. ¿Y qué me quieres decir con eso?

—Pues que he pensado en participar y...

—¿De qué fechas hablamos?

La pregunta clave. Una de las normas de mis padres es que solo puedo asistir a dos eventos al mes que tengan que ver con mi faceta de influencer. Este mes de noviembre ya he estado en una convención de adolescentes influyentes en las redes que se celebró en Barcelona, con lo que ya he ido a uno. Aún me queda otro, pero el viaje a Londres supone en realidad tres días, algo que no solo excede mi límite mensual sino que lo duplica. Bufff. La cosa se pone chunga.

—Bueno, hay que mandar el vídeo antes de este domingo...

—Laura, ya sabes a lo que me refiero...

—El viaje es del once al trece...

—¿De diciembre? Perfecto, puede que hasta te pille algo del puente.

—No, mamá, no —confieso finalmente—. Del once al trece de este mes...

—Ni hablar —contesta ella tajante—. Ya sabes cuáles son las normas. No y no. Y no insistas.

—Pero, mamá... ¡que son The Rocks! Que es mi gran oportunidad de verlos y yo...

—Mira, a tu edad yo me volvía loca con los New Kids on the Block, ¿y sabes qué? Que me tenía que conformar con verlos en los pósteres de la *Vale*. Y mira, no me he muerto.

Los New ¿qué? ¿La *Vale*? ¿En qué idioma me está hablando?

—Pero ¡mamá!

—¡He dicho que **NO**, y se acabó! —grita totalmente seria y zanja la conversación.

He perdido la batalla y noto cómo un mar de lágrimas amenaza con inundar mis ojos. Cuando la primera resbala por mi mejilla, mi madre ya se ha dado la vuelta para seguir con sus labores de jardinería. **Lo único que quiero es correr a mi cama para llorar...**

CAPÍTULO 2 ♥ El mejor consejo del mundo

Sábado, 5 de noviembre. 15.30 horas

—¿Quieres más arroz?

Llevo más de diez minutos jugando con los guisantes de la paella, apartándolos con el tenedor y creando una alfombra verde sobre mi plato. La voz de mi abuela Josefina vuelve a insistir:

—Cariño, ¿que si quieres más arroz?

—¿Eh? —musito sin tener muy claro qué ha preguntado y a quién va dirigida la pregunta.

—Hija, de verdad, parece que estás en la Luna —salta entonces mi madre.

—Sus cosas tendrá en la cabeza, ¿verdad, cariño? —interviene mi abuela mientras me guiña un ojo en un gesto cómplice—. ¿Quieres que te eche un poco más de arroz?

—No, abuela, la verdad es que estoy llena... Si no os importa, me salto el postre, que he quedado para acabar un trabajo de filosofía para mañana...

—Puedes irte, pero antes recoge tu plato y llévalo a la cocina, anda —añade mamá.

Me levanto con la vista fija en los restos de paella que quedan en mi plato y me dirijo a la cocina. Cuando estoy echando las sobras en la basura, noto una mano cálida posarse sobre mi hombro: es mi abuela.

—Cielo, ¿me vas a contar qué te pasa? Y no, antes de que me digas eso que decís todos los adolescentes de «nada», déjame advertirte que soy bastante más vieja que tú y que...

—«Más sabe el diablo por viejo que por diablo» —termino yo.

—Eso mismo, mi niña. ¿Por qué estás así de lánguida?

—Buff... Resumiendo: hay un concurso para conocer a mi grupo favorito en Londres, pero mamá no me deja participar porque son tres días... Contando con que ya he ido a un evento este mes, eso **SO-BRE-PA-SA** los días que tenemos pactados para hacer cosas de internet —contesto resoplando.

—¿El grupo del chico de los ojos verde azulados? —pregunta mi abuela abriendo los suyos como naranjas.

—¿Lo ves? ¡Si hasta tú sabes que me muero por Jack! —le digo haciendo pucheros con el labio—. ¿Por qué mamá es taaan terca?

—Ay, cielo, a mí no me mires, que en eso ha salido a tu abuelo... —contesta encogiéndose de hombros—. En fin, yo solo te digo una cosa: la esperanza es lo último que se pierde, y siempre que lo intentes habrá esperanza.

Mi abuela me guiña un ojo antes de salir de la cocina con un brazo de gitano relleno de nata que me llama a gritos pero que esa tarde no podré catar. Y es que mis planes son otros y tienen mucho que ver con lo que me acaba de decir mi abuela...

—Oye, Manu, no hace falta que pongas morritos sexis, que no eres Maluma.

La sudadera de Manu vuela hasta la cabeza de María, que no deja de meterse con él. Bueno, más bien con sus caras.

—¿No te das cuenta de que si ganamos este concurso será por mis dotes de seducción? —contesta Manu lanzándole una mirada seductora a María.

—Frena, don Juan. Ya está bien que te metas en el papel, pero ojo, que el límite entre seducir y hacer el payaso es muy muy fino —intervengo para ponerme del lado de mi amiga.

—¡Payasas, no tenéis ni idea! —replica Manu con un gesto de falsa indignación.

Llevamos dos horas poniendo en práctica los pasos de baile que diseñé ayer mismo y la verdad es que la coreo nos está quedando chulísima.

Me habría gustado contar con la opinión de papá. Siempre me echa un cable con los bailes para Musical.ly. Pero, evidentemente, en esta ocasión es imposible. De todas maneras, estoy contenta con los resultados. Todo el grupo se está esforzando al máximo y eso me emociona porque, una vez más, me queda claro que **tengo unos amigos brutales**.

—Laura, el giro este cuando dice «Your smile makes me fly» no me sale —se queja Andrés con aire de frustración—. Es más fácil que tropiece que conseguir que me salga completo.

—Mmm, déjame pensar... ¿Y si mientras todos hacemos el giro tú te agachas y vuelves a aparecer en escena cuando estemos frente a la cámara otra vez? Tendrás que ser rápido, pero fijo que lo logras.

—En serio, Laura, yo flipo contigo y con tu imaginación. ¡Eres genial! ¡Acabas de evitar que haga el ridículo ante todos los internautas! Gracias.

—Bueno, chicos, dejaos de tanto *amorsito* y vayamos a lo importante. ¿Preparados para grabar? —interviene María.

—A ver, preparados, lo que se dice preparados... —sisea Eva mirando hacia el suelo. Está tan nerviosa que no se ve capaz de recordar dos pasos seguidos.

—Eva, tú tranquila —la calmo mientras le pongo la mano en el hombro—. Esto es una grabación, podemos parar y repetir si nos equivocamos las veces que haga falta. ¡A ver si piensas que a mí me sale todo a la primera!

—Venga, no vayas de modesta que todos sabemos que tú eres una pro en esto... —me pincha Manu.

—Sí, y los pros también nos ponemos nerviosos y nos equivocamos. Y para que eso no pase lo mejor es hacerlo las veces que sea necesario, ¿empezamos?

Andrés enchufa los altavoces a su móvil y coloca mi cámara sobre el trípode, fijándose bien en que la luz nos dé de frente y quedemos todos bien encuadrados. Aunque Andrés es de ciencias, tiene un punto artístico que muy de vez en cuando saca a relucir, y parece que hoy estamos de suerte.

—Pero si parecéis las Fifth Harmony. **¡Vaya rollazo tenéis!** —nos grita con el ojo tras el visor de la cámara.

—Oye, que yo de tía tengo bien poco, no te pases —se queja Manu.

La música empieza a sonar y los cinco comenzamos a bailar, yo encabezando el grupo y mis amigos colocados estratégicamente para que el plano resulte equilibrado y se los vea a todos. Los acordes de esa canción de The Rocks no pueden ser más intensos, y con cada paso de la coreografía siento que mis oportunidades para verlos de cerca (y para conocer a Jack) crecen por minutos. Soñar es gratis, ¿verdad?

♥

—¡Ya estoy en casa! —anuncio antes de cerrar la puerta.

—¡Hola, hija! ¿Cómo ha ido el estudio? —me dice papá mientras me da un beso en la cabeza.

—Uf, agotador... Me duele el cuerpo entero...

—Normal, llevas más de siete horas fuera de casa. Tu madre ha dejado crema de espárragos en la nevera, ¿te apetece una poca?

—Qué va, solo quiero echarme a dormir. Mañana me la como. Oye, ¿y mamá? —pregunto extrañada.

—En plena sesión exfoliante, con velas e incienso incluido. Menos mal que tenemos dos baños, porque lleva como una hora encerrada en el nuestro.

—Ja, ja, ja, bueno, piensa en lo suave que estará cuando la abraces —le comento dándole un codazo en las costillas.

—Sí, pero eso no es asunto tuyo. ¡Anda a dormir, venga!

Entro en mi cuarto y pongo a cargar el móvil que, después de haber subido el vídeo de la coreo y de haber estado dándole caña a las redes sociales, se me ha muerto.

Bip. Bip. A ver quién es.

E Me encanta, me lees? ME-EN-CAN-TA

E Lo he retuiteado, compartido en Instagram, en Insta Stories, he hecho un monográfico de Snapchat, lo he subido al Face... Tía, tenéis que ganar ese concurso SÍ o SÍ

Amo a Elia. A pesar del cansancio y del bajón que me supone pensar que mis padres no me dejarán ir a Londres aunque ganemos el concurso, ha conseguido hacerme reír.

L Tus notificaciones me han reventado
la batería del móvil, guapi. Te adoro!
Crucemos los dedos...

O se presenta la mismísima Ariana Grande E
con todo su cuerpo de baile o tú y tus colegas
os lleváis ese premio. Hazme caso!
La bruja Elia nunca se equivoca...
Por cierto, tu madre qué?

L Sigue igual... Dije que me iba a estudiar filo,
así que no tiene ni idea de que he grabado el vídeo
y de que ya circula por internet

Pues ya puedes ir preparando un buen argumento E
porque te va a tocar decírselo. Sabes por qué?
Porque vas a ganar!

L Ay, ojalá, buaaah. Jack tiene que conocerme,
él no lo sabe aún pero me tiene que conocer!

Y enamorarse de ti, no te olvides... E
Esa es la parte importante del plan. Jijiji

L Sí, sí, por supuesto. Oye, Elia, me voy a meter
en la cama que no puedo con mi alma y mañana
tengo que estudiar DE VERDAD filosofía.
Estaré con el móvil en modo missing, ya sabes...
Te escribo por la noche. TQ mil, sis ♥

Y yo a ti. Descansa, y sueña con lo que vas E
a decirle a Jack porque ya te digo yo que este concurso...
LO GANAS. Nite, love.

No me quedan fuerzas ni para rastrear mis redes y ver cómo están yendo las visitas del vídeo. En realidad, por mucho que quiera ganar, sé que es muy difícil así que, en cierta manera, prefiero no hacerme ilusiones. Entre la competencia y el NO de mi madre, será mejor que no lo flipe mucho... Aunque hay algo en mí, no sé el qué, que me dice que los ojos de Jack y los míos se cruzarán en breve. ¿Será en mis sueños o será, al fin, en la vida real?

CAPÍTULO 3 ♥ La cuenta atrás

Domingo, 6 de noviembre. 20.00 horas

Descartes. Hume. Sócrates. Platón. Estos señores llevan acompañándome todo el día y no sé ni qué cara tienen. A ver, que lo que dicen es muy interesante y da que pensar pero, sin ganas de quitarles mérito, si hubiesen nacido en este siglo no habrían tenido tiempo de reflexionar tanto. No existe idea que pueda ganar contra Instagram, queridos...

—Hija, ¿estás viva?

La voz de mi madre al otro lado de la puerta es mi salvación. La puerta se abre y mamá entra de puntillas como si tuviese que mantener el silencio por algo.

—Creo que Platón y su tropa podrán soportar el ruido de tus tacones, mamá. Tengo los sesos revenidos... —me quejo a la vez que me masajeo las sienes.

—Ya me imagino, llevas mil horas aquí encerrada... ¿Te queda mucho?

—Pues mira, la verdad es que lo llevo bastante bien. Así que basta por hoy. ¿Tienes algo para mí? —le pregunto mientras extiendo mi mano con una sonrisa de oreja a oreja que me hace poner cara de payasa máxima.

—Anda, toma —dice mamá mientras me pone el móvil en la palma de la mano—. Por cierto, responde a la abuela, que ha llamado al fijo diciendo que no le contestabas los whatsapps... ¡Esta mujer es más moderna que tú y que yo juntas!

—Si no me dejarais incomunicada...

—Si pudieses estudiar sin mirar el móvil cada cinco minutos...

Tocada y hundida. Mamá tiene razón. Y en el fondo, aunque no se lo reconociese ni bajo tortura, agradezco que me liberen del móvil para que mi «movildependencia» me permita concentrarme en los libros.

—Voy a preparar la cena, ¿te apetece pescadito a la plancha?

—Mmm, me has leído el pensamiento, mami. ¡Me muero de hambre!

Mamá me besa en la frente y sale del cuarto. A ver qué novedades me depara mi móvil. Adoro ese momento en que enciendo el teléfono y las notificaciones hacen que mi pantalla se vuelva loca. Empezaremos por WhatsApp... ¡178 mensajes! Bueno, prioricemos...

A Mi niña, ¿estás mejor?

A Ay, hija, voy más rápida así que con los dedos. Ayer me dejaste preocupada, no me gusta verte triste. Espero que entendieras bien lo que te dije en la cocina y que hayas hecho lo que tenías que hacer... Ganarás seguro, confío en ti y en tu talento. Todo irá bien, mi amor.

Mi abuela es una crack. No puedo evitar esbozar una sonrisa al oír su mensaje. ¡La adoro! Ojalá tenga razón.

—Laura, ¿me ayudas con la ensalada?

La voz de mi madre se cuela por la puerta que había dejado entreabierta y es lo que me devuelve a la realidad. Como mi abuela tenga razón y acabemos ganando el concurso, a ver quién se lo cuenta a mamá. ¡Buf, prefiero no pensarlo!

CAPÍTULO 4 ♥ Los resultados

Lunes, 7 de noviembre.
11.30 horas

—Alguien debería haberle dicho a los señores de Musical.ly que poner la fecha del anuncio del ganador del concurso a las doce del mediodía es una tortura teniendo en cuenta que la mayoría de los participantes somos estudiantes y **TODOS** estamos en clase.

La voz de María suena a fastidio, pero razón no le falta. Nuestra coreografía está teniendo un comportamiento en redes brutal y las visitas no dejan de aumentar por minutos. Además, la ayuda de mis colegas influencers ha sido enorme y gracias a su apoyo y el de mis fans, nuestro vídeo está petándolo en internet. Sin embargo, ninguno del grupo sabe cómo estamos yendo en relación con el resto de los participantes. Antes de subir el vídeo nos prometimos no stalkear a la competencia para no ponernos más nerviosos y por lo menos yo lo estoy cumpliendo. Tan solo queda media hora para que se revele el nombre de los ocho ganadores que irán a la gran final en Londres y los cinco estamos literalmente de los nervios.

—Me duele la barriga... —se lamenta Eva con cara de consternación.

—Eso son los nervios, Eva —le digo—. Piensa que esto ya está y que nosotros no podemos hacer más. ¡La suerte está echada!

—Sí, pero tendremos que esperar a que La Espeto acabe de darnos la chapa para saber el resultado —apunta Manu.

Los cinco entramos en clase justo en el momento en que suena el timbre. Durante el descanso nos ha costado horrores no sacar los móviles y empezar a cotillear las redes, pero como la unión hace la fuerza, logramos superar esos últimos minutos de estrés antes de saber quiénes son los ganadores. Aunque ahora que lo pienso... **¡estoy que me muero de nervios!**

La Espeto lleva más de veinte minutos hablando de sus queridos filósofos cuando algo inesperado ocurre.

Bip. Bip. Bip. Bip.

¡Argh! ¡Me he dejado el móvil en vibración! La Espeto se vuelve y me dedica la mirada asesina más aterradora de la historia. Cuando empieza a caminar derecha hacia mí desvío la mirada hacia el reloj que cuelga en la pared y cuando veo la hora que marca casi me da un ataque. ¡Ya son las doce! Así que antes de entregarle mi teléfono, que es lo que La Espeto viene a buscar, toco el botón central para que se ilumine la pantalla.

E Te lo dije tía, te lo dije!!! Londres y Jack te esperan, baby

2
-110,000
x 378
Tarea
para mañana

—Señorita López, el móvil ahora mismo si quiere que se lo devuelva al terminar la clase.

Con una sonrisa enorme le entrego el teléfono, hecho que deja a La Espeto desconcertada. Cuando se da la vuelta yo también me vuelvo buscando con la mirada a Manu, María, Eva y Andrés. Levanto el pulgar en señal de victoria y todos me entienden porque sus caras se iluminan como si hubiese pulsado un interruptor. ¡¡¡Nos vamos a Londres!!! Aunque aún me queda un tema por solventar... ¿qué hago con mi madre?

CAPÍTULO 5 Un golpe de sinceridad

Lunes, 7 de noviembre.
13.30 horas

Riiing.

Nunca antes había deseado con tantas fuerzas que terminasen las clases. Las 13.30 horas. ¡Por fin! El profe de geografía da unos últimos apuntes, pero nosotros cinco nos ponemos de pie como si hubiese electricidad en nuestro cuerpo y salimos del aula en cero coma.

—¡¡¡Lauraaa!!!

María se abalanza sobre mí y hace que mi carpeta caiga al suelo y parte de mis apuntes queden esparramados.

—Pero ¡mira que eres bruta! —le dice Manu mientras se agacha a recoger las hojas.

—Teniendo en cuenta la cantidad de participantes que se han presentado al concurso y la cantidad de likes que algunos de ellos han generado, que nuestro vídeo se haya hecho viral es todo un mérito —interviene Andrés con voz solemne—. A ver, que no es que yo dudase de la capacidad de Laura y de sus followers para hacer que nuestro baile lo petara, pero la competencia estaba ahí y, estadísticamente, era muy poco probable que...

—¡Estadísticamente nos vamos a Londres! —lo corta María, que en pleno ataque de efusividad va a abrazarlo.

—Queridos, ¿debo recordarles que esto es el pasillo de un instituto y no la final de un reality de esos que tanto les gusta ver en televisión?

No puede ser otra que La Espeto.

Esta mujer es especialista en reventar cualquier momento mágico con el simple sonido de su voz.

—Tranquila, que ya nos vamos con la alegría y **LOS MÓVILES** a otra parte —le suelta Manu con la sorna que lo caracteriza.

Los cinco esquivamos a La Espeto con la mirada en el suelo y aguantándonos la risa. Entre la broma de Manu, los nervios por lo del concurso y la emoción de haber resultado ganadores, prorrumpimos en carcajadas, y la gente que se cruza con nosotros nos mira con cara rara. Estamos en una burbuja que nos mantiene flotando y eso que la aventura solo acaba de empezar. Bueno, no, aún falta un pequeño detalle por resolver...

—Chicos... esto, veréis... Hay algo que no os he dicho —comento alzando la voz una vez hemos salido del edificio.

—¿Te has desenamorado milagrosamente de Jack? —dice Manu con una risa burlona.

—¡Eso quisieras tú! ¡Envidioso! —le espeta María, dándole un codazo en las costillas—. ¿Qué pasa, Lau?

Ahora llega el momento temido: confesar a mis amigos que mi madre no me deja participar en el concurso y que, tal vez, lo de Londres aún no está seguro al cien por cien.

—Bueno, a ver... Hay un pequeño problema... Ya sabéis lo plastas que se ponen mis padres a veces con el tema de las redes, de internet, de los actos a los que voy...

—Oye, no nos cuentes tu vida... A ver, ¿qué pasa? —pregunta Manu sacándome la lengua.

Allá voy. Será mejor que lo diga de golpe y me deje de rodeos porque así nos van a dar las uvas. «Vamos, Laura, que tú puedes. A la de una, a la de dos, y a la de...»

—Pues que mi madre me prohibió participar en el concurso y lo he hecho todo a escondidas, tanto de ella como de mi padre, y ahora que hemos ganado no sé cómo decirle que he desobedecido sus órdenes y que tiene que dejarme ir a Londres como sea.

Al decirlo de carrerilla casi me ahogo. La expresión de las caras de mis cuatro amigos se ha quedado congelada. Silencio. Más silencio. Ojos como platos y ceños fruncidos. **Uf, esto no pinta bien.**

—Estás de broma, ¿verdad? —La voz de María suena con tal seriedad que parece la de otra persona.

Ante mi silencio, ella insiste:

—Laura, tía, dime que es una broma... Porque es una broma, ¿no?

—No, no lo es... pero puedo arreglarlo, solo necesito...

—A ver que me entere... ¿Hemos hecho el pringado ante todo el mundo para ganar un viaje a Londres y ahora resulta que NO podemos ir? ¿Y cuándo pensabas decírnoslo? ¿En el aeropuerto? —interviene Manu.

—Chicos, nos lo está diciendo ahora...

Eva se pone de mi lado y alza el tono de voz un poco más de lo habitual para que los demás la oigan bien. Menos mal, alguien que me apoya.

—Mirad, yo os he metido en esto y os prometo que habrá valido la pena. Solo necesito pensar en algo que decirle a mi madre para que me entienda, para que comprenda lo importante que es esto y...

—¡Invéntate una excusa! —me corta María—. Si le dices la verdad se va a cabrear y con razón. Dile que te vienes el finde a la casa de mis tíos, que vamos a estar estudiando juntas y ya está. La firma del permiso para el avión la falsificas, ¡y listos!

—María, ¡no puedo mentir en algo así! —exclamo alarmada.

Nunca antes había mentido a mis padres más que en chorradas como que estaba haciendo los deberes mientras stalkeaba a alguien en Insta o que me había comido el brócoli entero cuando la mitad estaba en la basura. Esto es diferente. Esto es muy gordo. No puedo mentir. No, no y no.

—Teniendo en cuenta las probabilidades de que tu madre se enfade, y mucho, creo que ya nos podemos ir despidiendo de Londres... —añade Andrés.

—¡Ya vale! He dicho que lo voy a solucionar, y lo haré. ¡Así que no me agobiéis más! —les pido mientras me doy la vuelta y les hago un gesto de despedida con la mano.

—¡Espera!

Eva corre tras de mí para alcanzarme porque yo, con el cabreo, he dado unas zancadas que casi parecen las de un dinosaurio. Se pone a mi lado y camina en silencio durante un minuto hasta que, finalmente, me detengo en seco y suspiro.

—Ya sé que la he cagado, pero puedo arreglarlo...

—Ya lo sé, yo confío en ti —declara Eva con los ojos llenos de comprensión.

—Pero es que... es que no puedo mentir a mis padres, ¿lo entiendes, verdad?

—Claro, yo tampoco podría. Y además, no creo que haga falta... Estoy segura de que encontrarás la forma de decírselo y de que entiendan lo importante que es esto para todos. Y, ¿sabes qué? Pues que si al final no podemos ir, no es el fin del mundo.

—¿¿Qué dices?? ¿Cómo no vamos a ir? —exclamo poniéndome las manos en la cabeza.

—Pues eso, Lau. Que nuestra amistad es más importante que un concurso de Musical.ly, que The Rocks y que cualquier viaje a Londres. Vale, tal vez es IGUAL de importante que los ojos verdes de Jack, pero eso ya es cosa tuya —me dice mientras se sonroja.

—No sabes cómo te quiero —confieso al abrazarla. Esas palabras de Eva eran lo que necesitaba después de toda la escenita de nervios vivida con los demás. Ahora que estoy más calmada se me ha pasado el agobio y parece que hasta puedo pensar mejor. Las cosas aún tienen solución, y yo tengo la oportunidad de arreglarlas.

Bip. Bip. Tanto el móvil de Eva como el mío vibran a la vez. Eso solo puede significar una cosa: que alguien de los otros tres ha escrito en nuestro grupo de WhatsApp. Eva es más rápida en sacar su móvil de la chaqueta y por la carcajada que suelta, parece que el mensaje viene en son de paz.

—¡Mira! —me indica mientras vuelve la pantalla de su teléfono hacia mí.

La foto de María, Manu y Andrés con las manos como si estuviesen rezando y cara de locos también me hace reír a mí. «Como diría Justin Bieber... SORRY por ser tan cabezones.» Ese es el texto que acompaña a la imagen. Luego, un parrafote de María disculpándose por la actitud de los tres y animándome ante la futura charla con mi madre inunda toda la pantalla del móvil. Si es que tengo unos amigos que valen un potosí. Me abrazo a Eva sintiéndome liberada.

—Oye —le digo apartándome de golpe—. ¿Y a ti qué te pasa? No te he visto muy emocionada que se diga ante lo del concurso... ¿No estás contenta por haber ganado?

Eva se ha puesto roja como un tomate. *Lo sabía.* Le pasa algo y no había abierto la boca, para variar. A veces me encantaría meterme en su cabeza y bucear por sus pensamientos. Estoy segura de que tiene tantas cosas bonitas ahí dentro que, por timidez, no se atreve a sacar... Con lo dulce y buena que es, me da hasta rabia que sea TAN TAN TAN cortada.

—¡Vamos, suéltalo ya!

—Ufff... es que... a ver, una cosa es bailar en el garaje de los abuelos de Andrés y grabarnos en vídeo, y otra... otra es irse a Lon-

dres, a una competición de verdad, y tener que bailar delante de un jurado. Es que solo de pensarlo me tiembla todo...

—De un jurado... y, con suerte, de The Rocks. ¿No te hace ilusión?

—Sí, claro que me hace ilusión... Pero... ¿sabes qué pasa? Que estas son las típicas cosas que les pasan a los demás, a gente que destaca... a gente como tú. Yo, en cambio... Nadie se fija en mí. De hecho, creo que la mitad de la clase no sabe ni que existo. ¿Cómo alguien como yo va a hacer algo así? En cambio tú... tú eres especial.

Me quedo de piedra. No sabía que Eva me viese así.

—Son esas cosas que yo sueño pero que nunca me acaban pasando... y ahora, ahora... —empieza a balbucear.

—Ahora te están pasando a ti, Eva —le digo mientras le aparto un mechón de pelo de la cara—. Tú eres parte de esto y el mérito de que hayamos ganado es también tuyo. Sí, esto me ha pasado a mí pero también te ha pasado a ti, ¿y sabes qué te digo?

Eva levanta la vista y me mira con ojos algo perdidos.

—Que me alegro de que sea algo que vayamos a vivir juntas porque, amiga, te aseguro que esta vez, tú también vas a brillar.

—¿Hola?

Mi voz resuena en la entrada de casa. Nadie responde. Creo recordar que mamá dijo que comeríamos juntas. Tal vez entendí mal. Entro en mi cuarto para dejar la mochila y entonces la oigo.

—¿Laura?

—¡Sííí! —grito.

Pues sí que está en casa. El momento ha llegado. Me sudan las manos de los nervios. ¿Y si espero a esta noche, cuando estén los dos en casa y no vayan tan agobiados? Hummm, vale, no. Es martes y, en teoría, el viernes cojo un avión a Londres. ¡Dios, no queda nada! **Tengo que decírselo ya,** no puedo demorarlo más...

Salgo del cuarto y me dirijo a la cocina. Allí está ella, fregando unos cacharros de espaldas a mí.

—¿Puedes ir preparando la ensalada?

Uy. ¿Cómo me ha visto? El tono de voz... ¿está enfadada? Espero que no, por favor. Necesito a mamá en modo felicidad absoluta o las cosas se me complican.

—Sí, claro —respondo con cierto miedo.

—¿Todo bien en clase?

—Sí, sí, todo bien.

—¿Alguna novedad?

—Eh... ¿novedad? No, no, todo igual...

«¿Igual? Vamos, Laura. Te lo está poniendo en bandeja. Es tu oportunidad. A la de una, a la de dos y a la de...»

—Bueno, yo... Quería decirte algo...

—¿Algo? ¿Algo de qué?

—A ver, no es algo del insti, sino de mí y de los chicos... Que estamos todos bien, eh, no te asustes, solo es que...

Las palabras se me están enredando. Genial, Laura, un colapso mental en este momento es justo lo que necesitas.

—Yo, lo que tengo que decirte es...

—¿Qué tal si lo adivino? —me propone dándose la vuelta y mirándome por primera vez a los ojos.

La mirada le brilla de forma extraña y tiene la expresión de la cara muy seria.

—¿Cómo? —digo aturdida.

—Nada, que como veo que te cuesta tanto, tal vez necesites un empujoncito... A ver, ¿cómo te suena esto? «Mamá, no hice caso a lo que me dijiste, me presenté al concurso ese de Londres y resulta que he ganado y que ahora no sé cómo decirte que, uno, te he mentido, a ti y a papá, y dos, que este viernes tengo que volar a Inglaterra» —dice con tono firme y afinando la voz, como si me estuviese imitando—. ¿Es algo así?

¿Cómo lo sabe?

O sea, ¿C-Ó-M-O?

¡Vaya pillada!

Bufff, ahora sí que la he liado, y a lo grande.

—Yo... mamá... yo...

—¿Tú? ¿Tú qué? ¿Que tú has hecho lo que has querido sin tener en cuenta lo que te dicen tus padres?

—No, mamá... A ver, sí, sí que lo he hecho pero es que...

—Laura, sabes que hay unas normas y que mentir no está entre ellas. ¿Ahora resulta que ya no puedo ni confiar en ti?

Se acabó. No puedo más. El labio me empieza a temblar y las lágrimas comienzan a rodar por mis mejillas. Los nervios han podido conmigo.

—Lo siento mucho, mamá... Yo no quería mentirte... —sollozo—. Te lo iba a contar ahora porque hace unas pocas horas que sé que hemos ganado... yo no quiero que desconfíes de mí...

Mamá deja la sartén que tenía en la mano, se quita el delantal y se acerca a mí. En pocos segundos estoy sumergida en su abrazo, empapándole la camiseta de lágrimas. Mi llorera está siendo de campeonato.

—Venga, ya está, hija —dice apartándose de mí y secándome los ojos con el dorso de su camiseta—. Además, si sigues llorando así se te van a quedar los ojos como dos pimientos y a ver cómo miras a la cara a ese tal Jack...

¿Cómo? ¿He oído bien? ¿Qué es lo que acaba de decir? Me aparto un poco más para mirar a mi madre con expresión extraña. ¿De qué está hablando?

—Tal vez he sido un poco estricta con esto del concurso y no tuve en cuenta que es algo especial que solo pasa una vez en la vida. Y aunque no me guste NADA que me hayas mentido, creo que lo justo, ya que habéis ganado, es que tus amigos y tú cojáis ese avión y os lo paséis genial en Londres.

Las lágrimas vuelven a mis ojos, **pero esta vez de felicidad**. ¡Me voy a Londres! Me abalanzo sobre mi madre con tanto ímpetu que hasta la hago tambalear.

—Eso sí —añade intentando hacerse la dura—, cuando regreses NADA de móvil durante dos semanas. Te dejo ir a Londres con la condición de que luego te dediques por completo a estudiar para los exámenes, ¿trato hecho?

No sé hacer nada más que darle las gracias, reír y llorar. Solo muevo la cabeza de arriba abajo para indicarle que sí, que estoy de acuerdo. Pero entonces una pregunta me viene a la cabeza como un flash.

—Oye, mamá —le planteo apartándome de ella—, ¿cómo has sabido que habíamos ganado?

—Si lo sabe todo internet, ¿cómo no lo vamos a saber nosotros? —responde la voz de mi abuela a mi espalda.

Nos miramos, ella me guiña un ojo y yo le dedico la más sincera de mis sonrisas.

—Por cierto, señoritas, ¿cuándo diablos se come en esta casa? ¡Me muero de hambre!

CAPÍTULO 6 ♥ Londres, there we go!

Viernes, 11 de noviembre. 6.00 horas

Un golpe seco me acaba de despertar. Abro los ojos con dificultad y unas luces superpotentes me ciegan los ojos. Un momento, ¿son unos focos? ¿Ya nos toca salir a bailar?

—Cualquiera diría que estás a punto de volar a Londres a conocer a tu amor —comenta mi madre con tono burlón desde el asiento del copiloto del coche.

Vale, me he quedado dormida de camino al aeropuerto. Es que vaya horas... Entre el madrugón y que con los nervios que llevaba encima me dormí supertarde, ahora estoy reventada. Bueno, en parte mejor, porque así me quedaré frita en el avión y no estaré atacada perdida pensando en todo lo que está por venir.

—Señorita, ¿piensa salir del coche o quiere cederme su billete de avión?

Mi padre abre la puerta del coche y me hace un gesto reverencial para indicarme que salga.

—¡Ya voy! Un respeto, que acabo de despertarme —digo con voz de fingida molestia.

—Eso ya lo sé —me responde soltando una carcajada—. Te has dormido desde el momento en que he puesto en marcha el coche. ¡Menudo sueño! Por cierto, ¿sabes que roncas?

—¿Qué dices? ¡Yo no ronco, papá, no mientas!

—Bueno, roncar roncar... Digamos que «respiras» fuerte —puntualiza a la vez que me da una palmadita en la cintura.

—Ni caso, cielo, eres un ángel hasta cuando duermes—. Mi abuela sale en mi ayuda. Como era de esperar, no quería perderse mi partida hacia la capital británica.

Aunque es muy pronto hay un montón de gente en el aeropuerto. Nuestro vuelo sale a las ocho de la mañana, así que hemos quedado todos entre las seis y las seis y cuarto en la cafetería que hay cerca del control de seguridad. Cuando pasamos tras unos mostradores veo que Manu, Andrés y Eva ya están esperando junto a sus padres. ¡Qué puntualidad!

—Pero, mira, si aquí llega la reina de internet —anuncia Manu a modo de saludo.

—Sí, la misma gracias a la cual estás a punto de subirte a un avión rumbo a Londres. No hagas que me arrepienta —replico sacando la lengua.

—Buenos días —saluda mi padre—. ¿qué tal el madrugón?

Los adultos se sumergen en una conversación paralela a la nuestra. Solo falta María por llegar. ¡Qué raro! (Ironía modo ON.)

—¡Eeeo!

La voz de María. Inconfundible.

—¿Habrá algún día en que no tengamos que esperarte? —la saluda Manu.

—Oye, que habíamos dicho hasta y cuarto, y son exactamente... —se detiene a sacar su móvil del bolsillo— las seis y catorce minutos, así que calladito, ¡eh!

—Bueno, chicos, hasta aquí hemos llegado —declara mi padre en voz alta—. Yo que vosotros iría haciendo cola en el control de seguridad.

—Sí, y acordaos de abrocharos los cinturones, y de hacer caso de lo que dicen las azafatas, y... —La madre de María interviene con voz nerviosa.

—Sí, mamá, y de respirar —contesta María burlona.

—Cariño, ven un momento —me pide mi abuela bajito, indicándome que nos apartemos hacia un lado para tener más intimidad—. Quiero darte una cosa.

Mi abuela saca algo del bolsillo del pantalón y me lo acerca con recelo. Cuando abre el puño y extiende los dedos contemplo un precioso colgante de plata con una piedra rosada incrustada. Aunque se ve antiguo, no ha perdido para nada su resplandor. Debe de ser suyo, pero yo no se lo había visto antes. La miro desconcertada.

—Quiero que te lo lleves, te dará suerte. Era de mi abuela... ¡Imagínate si es viejo! —explica riendo.

—Guau, abuela, es superbonito —exclamo con los ojos bien abiertos.

—En teoría debería habérselo dado a tu madre, pero ya sabes lo poco que le gusta llevar colgantes... Y bueno, al final estaba muerto de asco en un cajón esperando a que fueses mayor pero... ¿para qué esperar más? Creo que ha llegado el momento de que lo lleves tú.

—¡Abuela! —digo mientras le doy un abrazo—. Me encanta, de verdad. Te prometo que lo voy a cuidar como si fuese un tesoro.

—Más te vale, cariño... porque eso es lo que es: un tesoro.

—¿No sabías que no se podían pasar botes tan grandes? —le dice María a Andrés, que aún está algo nervioso después de que los agentes del control de seguridad le hayan hecho abrir la maleta. Nadie le había dicho que el champú también contaba como líquido. Pobre.

—¿Un café rápido? —sugiero.

—¡Por favor! —responde Eva, que parece que tiene aún más sueño que yo.

Nos sentamos a la mesa de una cafetería que está a pocos metros de nuestra puerta de embarque. Cruasanes, bollos con chocolate, zumos y cafés con leche. Todo a precio de langostas. ¡Qué caro es todo en el aeropuerto! Pero con el hambre que tenemos, no hay más opción.

—Buah, estoy como un flan —reconoce Andrés, quien normalmente es muy poco dado a expresar sus estados de ánimo.

—¿Acaso te da miedito subirte al avión? —lo pincha Manu.

—¡Qué va, tío! Lo digo por el concurso... ¡Mañana tenemos que bailar ante el jurado! Esta noche he tenido una pesadilla en la que se me enredaban las piernas y acababa haciendo la croqueta delante de todo el mundo.

—Ja, ja, ja, tranquilo, fijo que nos sale perfecto —interviene María—. Por cierto, ¿habéis visto a las italianas? ¡Ay, mi madre!

¿Las italianas? ¿De qué hablaban?

—Sí, son muy, pero que muy buenas. ¡Y además son todas guapísimas! Parecen sacadas de un catálogo de Victoria's Secret —resopla Eva.

—Pues a mí no me importaría intercambiar algo más que pasos de baile con ellas... —admite Manu.

—¿Se puede saber de qué estáis hablando? —pregunto con tono un poco histérico—. **¿Quiénes son las italianas?**

Los cuatro se miran entre ellos como si yo fuese un extraterrestre. Y así es como me están haciendo sentir.

—¿En serio no las has visto? —me dice María con cara de sorpresa.

—¿Ver a quién? —respondo impaciente.

—Hombre, Lau, a las italianas. ¡Son nuestra competencia más dura! —aclara Manu.

—A ver... ¿no habíamos quedado en que no miraríamos a nadie de la competencia para no ponernos paranoicos? —pregunto.

—Eso era antes de que dijesen el nombre de los ganadores, Lau —replica María—. ¿Me estás diciendo de verdad que NO has cotilleado los perfiles de los otros siete seleccionados?

—Eso mismo es lo que estoy diciendo.

—¡Flipo contigo, tía, qué fuerza de voluntad! —suelta María.

—Sí, la misma que **NINGUNO** de vosotros ha tenido... ¿Y qué pasa con las italianas esas, tan buenas son? —les planteo con curiosidad.

—Compruébalo tú misma —me indica Andrés pasándome su móvil con el vídeo de YouTube a punto de reproducirse.

Tienen razón. Las italianas son MUY buenas. No solo han diseñado una coreografía maravillosa sino que su coordinación es brutal. Lo cierto es que son unas rivales muy potentes. Buf, ya empiezo a ponerme nerviosa...

«Pasajeros del vuelo EZY8164 con destino London Gatwick, en breves minutos empezará el embarque por la puerta...»

La voz de la azafata interrumpe mis pensamientos y, en el fondo, le doy las gracias. No es momento de dejar que los nervios y las inseguridades se apoderen de mí. *Keep calm*, Laura. Todo irá bien.

—¿Te habrás acordado de traer el DNI, no, Andrés? No me digas que te lo has dejado con el champú en el control de seguridad...

Alucino con la capacidad de Manu para pasarse el día molestando, incluso cuando aún no son ni las siete y media de la mañana. Andrés lo ignora, como la mayoría de las veces en que se mete con él.

—Oye, ¿y tu lengua nunca descansa? —le pregunto yo echándole un cable a Andrés.

—Depende de para qué... —contesta burlón.

—¡Maaanu! —interviene Eva un tanto avergonzada.

—¿Qué pasa? ¡Ha sido ella la que ha preguntado!

Entre risas y algún que otro empujón amistoso vamos caminando por el finger, esperando nuestro turno para entrar en el avión.

Estamos todos en la fila 15, y a mí me ha tocado ventanilla. ¡Qué guay! Al lado tengo a Eva y en el pasillo está Andrés. Justo al otro lado de la fila están Manu y María, a quien le ha tocado en medio. Bueno, con lo pequeñita que es, no creo que esté incómoda. A mí me apetece dormir, así que agradezco que Eva esté a mi lado.

Los motores han empezado a hacer ruido y una pequeña vibración se ha apoderado del avión. En el exterior solo veo lucecitas en la pista de despegue, ya que todavía es de noche. ¿Cómo será ver el amanecer desde el cielo? Voy a tener que luchar contra mi instinto natural de dormir si quiero verlo, pero es que tengo tanto sueño...

«Los chalecos salvavidas se encuentran bajo sus asientos. En caso de necesitarlos, deben colocárselos por la cabeza y ajustar con la cinta roja a la cintura...»

La explicación de las medidas de seguridad está actuando como un somnífero. «Laura, abre los ojos, vamos, que te vas a perder la salida del sol.» Bueno, los voy a cerrar solo un poquito, solo mientras hablan las azafatas. Además, con el ruido del despegue seguro que me espabilo.

—Esta ya se está quedando frita —oigo comentar a Manu.

Lo último que pasa por mi mente son las lucecitas de la pista, **los ojos de Jack** y las melenas morenas de las italianas.

Plof. Despertarse de golpe porque el avión en el que vas montada se deja caer contra el suelo no está bien. ¡Menudo porrazo! Y no solo eso, sino que parece que ha tenido que reducir velocidad de golpe y todos los pasajeros nos hemos ido hacia delante como si una fuerza nos empujase contra el asiento delantero. ¡Hoy en día cualquiera se saca el carnet de piloto!

—Buenos días —me saluda la voz suave de Eva—. Has dormido a gusto, ¿eh?

—Supongo que ya hemos llegado... —comento aturdida.

—Sí, ya estamos en Gatwick. Por cierto, ¿con qué estabas soñando?

—Mmm, ¿yo? Pues no sé... no me acuerdo, ¿por?

—Porque hacías unos ruiditos muy graciosos, ji, ji, ji.

El avión se detiene y tenemos que esperar a que el finger se ensamble con el aparato para empezar a salir. El cambio de temperatura se nota al momento. ¡Qué frío! Y eso que no estamos a la intemperie porque el plástico del pasadizo nos cubre.

—Hice bien en traerme los térmicos de mi hermano —afirma Andrés.

—¿En serio llevas leggins? Eso se merece un Stories cuando estemos en el cuarto —le dice Manu.

—Gracias por recordarme que no me pasee desnudo por la habitación si no quiero que me vea medio internet.

Los pasadizos desde el avión hasta la zona de control de migración de Gatwick son interminaaables. ¡Madre mía! Y luego toca hacer la cola hiperlenta hasta que un policía con cara de perro me pide el DNI y me pregunta de dónde vengo y qué hago allí. Como todos los ingleses sean así, me parece que la juerga la tendremos que montar entre nosotros.

—¿Dónde han dicho que nos esperaban los organizadores? —pregunta María.

—En la zona de coches de alquiler. En teoría allí tiene que haber alguien con un cartelito o algo así esperándonos... ¿Juliette? Creo que la chica se llama así —contesta Eva.

Al cruzar la puerta de salida vemos un tumulto de gente frente a la zona a la que nos tenemos que dirigir. Una chica pelirroja muy alta y delgada sujeta un cartelito que reza: MUSICAL.LY CONTEST. No hay duda, esa es Juliette.

—Hi, I'm Laura López, from Spain. And they are my friends, Manu, María...

—Oh, yeah, I know, I know —me corta—. Estábamos esperando por vosotros —continúa con un extraño acento—. Todos los *contestants* están aquí. Españoles siempre últimos, *you know*.

Y después de meterse con todo mi país se queda más ancha que larga.

—Come on, guys, it's time to leave. Let's go outside, the vans are waiting for us.

Buf, el acento británico es mucho más difícil de entender que el americano. Menos mal que Eva lleva años en el British Council y domina cantidad porque, aparte del «Chicos, es hora de irse», me he perdido la mitad de la frase.

Cuatro furgonetas de color negro están esperándonos en el aparcamiento. ¡Qué nivel! Nosotros cinco nos miramos sin saber muy bien qué decir. Entre lo estirada que es Juliette y que todos los demás van a su bola, nos hemos quedado un poco de bajón. No es que haya venido con expectativas de que nos hiciésemos todos superamigos, pero por lo menos saludarnos y que haya buen rollo sí, ¿no? Vamos, al menos esa es nuestra actitud.

—*OK, this one is full. You, guys...* españoles, tú subir a la otra furgoneta —indica Juliette mientras nos empuja como si fuésemos borregos hacia el vehículo que está aparcado detrás.

Mi maleta se atasca con un bordillo y al darme la vuelta las veo. Ahí están ellas: las italianas. Aquel conjunto de pelazos inconfundible. Están de espaldas, subiendo una a una a la furgoneta de la que nos acaban de echar, y no sé por qué **siento una punzada en el estómago**. ¿Serán nervios?

De repente, algo me llama la atención. Del bolsillo de una de las chicas, la última que está subiendo a la furgo, cae algo que va a parar directamente al suelo, quedando oculto bajo el peldaño del vehículo.

—Espera un momento —le pido a Eva haciéndole una señal con la mano.

Salgo corriendo en dirección a la furgoneta de las italianas con mi maleta a rastras y emitiendo gruñidos que ni ella ni nadie más pueden entender. Están a punto de cerrar la puerta de la furgoneta, así que tengo que darme prisa.

—Eh, *sorry...* —le digo mientras le tiro de la chaqueta.

La chica se vuelve y me pone una cara de susto comprensible teniendo en cuenta que yo, roja como un tomate de correr por la carrera con la maleta a cuestas, le estoy tirando de la ropa y haciendo gestos con las manos.

—*Is this yours?* —le pregunto mientras me agacho y recojo la cartera que se le había caído al suelo.

—*Oh!* —exclama ella sorprendida. No se había dado cuenta de que la había perdido.

Entonces la voz de la chica alta que tenía delante se interpone entre nosotras. Tan solo capto que la chica que ha perdido la cartera se llama Katia porque hablan en un italiano cerrado y mi dominio de lenguas no llega a tanto, la verdad. Aun así suena a bronca monumental.

—*Thank you, you can leave now* —me ordena la alta en plan sargento.

Yo la miro con cara de flipe. ¿En serio es así de borde? Por su actitud parece que es la líder del grupo porque Katia se ha quedado muda, como si no se atreviese a hablar. La italiana mandona le ha ladrado algo y se ha ido en busca de su sitio, momento en que la otra aprovecha para mirarme y con una sonrisa dedicarme un «Thank you» de lo más dulce.

Una hora y media más tarde estamos haciendo el check-in en el hotel. Estamos alojados en la llamada zona de La City, todo un barrio lleno de edificios modernos que recuerdan más a Nueva York que a cualquier capital europea.

—*So... here are yours keys* —indica Juliette entregándonos tres llaves de habitación, con dos camas cada una—. *Sorry,* uno de ustedes duerme *alone.*

En realidad no parece que lo sienta mucho porque después de darnos las llaves, se da la vuelta y se va a hablar con otro grupo sin ni siquiera despedirse.

Ante las caras de terror de María y Eva me ofrezco voluntaria para quedarme con la habitación individual. Total, para dormir no hace falta compañía. Además, no tendré que hacer cola para la ducha, otro punto a mi favor.

—Juliette ha dicho antes que tenemos todo el día libre para ensayar y que podemos usar las instalaciones del hotel —informa Eva.

—¡Guay! ¿Dejamos las maletas y quedamos aquí en una hora?

—La idea sería fantástica de no ser por un pequeño detalle: ¿dónde están nuestras maletas?

Cuando Manu dice esta última frase, todos nos volvemos hacia la zona donde se supone que debería estar nuestro equipaje. Y digo «se supone» porque allí no hay nada. El resto de los participantes han ido recogiendo sus bolsas y allí ya no queda ningún bulto. ¿Dónde se han metido?

CAPÍTULO 7 Locura en Camden

Viernes, 11 de noviembre. 12.30 horas

—¡Esto debe de ser una broma! ¿Con quién hay que hablar para que nos ayuden?

María está histérica, y no es para menos. Por alguna extraña razón que todos desconocemos, **nuestras maletas han desaparecido**, eso si en algún momento llegaron al hotel.

—Los conductores de las furgonetas me dicen que no hay maletas en ningún coche —nos aclara la chica de recepción que, muy amablemente, ha llamado a la empresa de las furgonetas que nos ha traído hasta el hotel.

Juliette también se ha movilizado para averiguar si se han quedado en el aeropuerto, pero ese trámite es más largo todavía y dudo que nos den una respuesta rápida. Así que por el momento el balance del día es este: viernes por la mañana y sin maletas. ¡Olé, los españoles!

—Bueno, pensemos un poco... En el hipotético caso de que NO las encuentren esta mañana, aún tenemos toda la tarde para que aparezcan —comento para calmar los ánimos.

—¿Y si NO aparecen NUNCA? —exclama María a voces—. Tía, mi maquillaje, el jersey nuevo, los gorritos que me traje para hacernos selfis frente al Big Ben...

—... y la ropa para la actuación de mañana —añade Eva con la mirada fija en el suelo.

¡Ostras! Todo el outfit para la final ante el jurado está en las maletas. Esto sí que es un problema. «Piensa, Laura, piensa.» ¿Y ahora qué hacemos?

—Lo más razonable sería salir a comprar algo de ropa, seguro que en el Primark ese que tanto os gusta hay gangas —apunta Andrés—. Pero hay una variable con la que no contamos: **el dinero**. ¿Alguien de vosotros lleva suficiente pasta encima?

A los dieciséis años nadie tiene tarjeta de crédito y teniendo en cuenta que la mayor parte del fin de semana nos lo íbamos a pasar en el hotel, casi no hemos traído dinero. Aunque...

—¿Y si intentamos ganarlo nosotros? El dinero, quiero decir... Estamos en Londres... ¡seguro que encontramos una manera u otra de sacar pasta fácil!

—Lau, ¿qué te has tomado? —dice Manu con el ceño fruncido.

—¿Tienes tú una idea mejor? —me defiende María—. Quien algo quiere, algo le cuesta, y desde luego no hemos llegado hasta aquí para arruinar el baile porque nuestras maletas se hayan perdido. Yo estoy con Laura, ¿y vosotros?

Diez minutos después estamos saliendo del hotel y cogiendo el metro hacia Camden Town. Menos mal que la organización nos ha obsequiado con una tarjeta Oyster para cada uno. De esta manera, aunque no tengamos pasta, podemos coger el transporte público sin preocuparnos por el dinero. Estuve informándome en internet sobre sitios chulos de Londres por si teníamos tiempo libre, y Camden Market es uno de los más top. Un mercadillo en una antigua zona de destilerías que desde hace años es el lugar ideal donde ver a todo tipo de tribus urbanas y comprar las cosas más cool que puedas imaginar.

Bajamos del metro y nos quedamos los cinco quietos como estatuas.

—¡T-O-M-A! —exclama Manu, muy poco dado a sorprenderse con nada o a manifestar sus sentimientos—. ¡Esto es brutal!

En ese momento una chica con una cresta color rosa chicle cruza por nuestro lado. Con sus botas Martens color rojo, medias de rejilla, una chupa llena de tachuelas y candados como pendientes, la chavala nos acaba de dejar totalmente asombrados.

—Hombre, un poco circo sí que es —comenta Andrés, a quien María le da un codazo y le lanza una mirada asesina.

—Bueno, pues ya estamos aquí... ¿Y ahora qué? —pregunta Manu dirigiéndose a mí.

Me vuelvo y lo miro con cara de póquer. ¿Qué tal si algún día me ayuda a pensar en vez de esperar que **TODO** lo proponga yo? Alzo las manos y las cejas dando a entender que no tengo ni idea, así que todos guardamos silencio unos minutos hasta que decidimos dar una vuelta a ver si nos inspiramos con algo.

Caminando llegamos a un parquecito con bancos y nos sentamos. «Vamos, Laura, ¿te dejaste la creatividad en Almería? Grrr.»

—Podríamos hacer malabares con las mandarinas que llevo en la bolsa. Mi madre puso tantas que podría montar un puestecito —propone María sin mucho convencimiento.

Todos la miramos con cara de «¿En serio?», y la pobre entiende que la idea ha sido un FAIL como una casa.

—Oye, ¿y si bailamos? —sugiere Andrés con la energía de los artistas de los musicales—. Ya que nos perdemos un día de ensayo, ¿por qué no aprovechamos y lo hacemos aquí, en este parque?

—¿Y la música qué? —replica Manu.

—Llevo los altavoces en la mochila, con conectarlos al móvil hay bastante. Aunque si pudiésemos hacer algo más, un plus...

—Eva, ¿y por qué no cantas? ¡Tía, seguro que lo petamos! —interviene María.

La expresión de la cara de Eva se acaba de congelar. Me atrevería a decir que incluso por unos segundos ha dejado de respirar. Poco a poco se ha puesto de color rojo y he notado que hasta le temblaban las manos. Eva canta de muerte pero eso solo lo sabemos sus besties y porque nos ha mostrado grabaciones. ¿Oírla en directo? Jamás. Por eso su rostro es el reflejo máximo del terror. Su primera reacción es la de hacer movimientos con la cabeza diciendo que no.

—¡Vamos Eva, tú puedes! Hazlo por nosotros, por el grupo —le insiste María.

Manu, Andrés y María han empezado a acribillar a Eva con frases de este tipo que no hacen más que cohibirla y hacer que se ponga más nerviosa aún. Y al final ha explotado:

—¡¡¡¡¡Nooo!!!!!! ¡No, no y no! ¿Me oís? —grita a pleno pulmón para, segundos después, salir corriendo en dirección opuesta a la calle central de Camden.

—De verdad, a veces sois más brutos que en *Juego de Tronos*... ¡Parece que no la conozcáis! —replico indignada—. ¡Esperad aquí!

Salgo corriendo tras Eva y la encuentro sentada en el suelo, junto a un árbol enorme que hay en el parque. Ha hundido la cabeza entre las rodillas para ocultar su rostro, y sospecho que se ha puesto a llorar. Yo me siento a su lado, paso un brazo por su espalda y empiezo a darle besitos en el pelo.

—Venga, ya está... Ya sabes que a veces son un poco brutos, no te lo tomes como un ataque... —intento consolarla—. Te confieso que hay veces en que le cosería la boca a Manu para que dejase de decir chorradas.

La risa de Eva se mezcla con el llanto y acaba con un ataque de tos. Bueno, por lo menos se ha reído. Esto va mejor. Poco a poco se está calmando aunque sigue sin hablar. Necesita su tiempo.

—En serio, no te preocupes... Yo creo que con la coreografía podemos sacarnos algunas libras de esas que usan aquí y podremos pillarnos algo de ropa chula. No tienes que cantar si no quieres, no te agobies...

—No es eso, Laura —me corta y traga saliva—. En realidad lo que quiero es cantar... pero no soy capaz. ¿Sabes? Envidio tu soltu-

ra, tu gracia, tu seguridad en ti misma para hacer todo lo que haces en las redes y atreverte a ser tú. ¡Ojalá yo tuviese el valor que tú tienes y me atreviera a cantar! —se lamenta antes de romper a llorar de nuevo.

—Escúchame, Eva... Aunque no lo creas, todo eso que dices que envidias de mí tú también lo tienes. Está ahí dentro —digo señalándole el pecho—, solo tienes que atreverte a sacarlo. Lo más difícil ya lo tienes: la voz. Eso es un don que solo tienen algunas personas, y tú eres una de ellas. Por mucha soltura y gracia que yo tenga, si me pongo a cantar cae un chaparrón de miedo.

—Ja, ja, ja, qué tonta eres...

—No, la tonta eres tú. Tonta por no quererte más y por no verte con los ojos con los que te vemos los demás. Los chicos flipan con tu voz y si han propuesto que cantaras es porque saben que lo haces genial. ¿Eres la única que no se da cuenta?

—No sé...

—Mira, respeto que no quieras cantar por los motivos que sean. Pero lo que me da mucha pena es que el miedo pueda contigo cuando, además, no hay motivos. Tú vales mucho, Eva... solo hace falta que TÚ te des cuenta.

Eva me mira fijamente con los ojos húmedos. Unas lágrimas resbalan por sus mejillas, pero inmediatamente se las seca con el dorso de la chaqueta. Luego me sonríe y me abraza. Nos levantamos del suelo y nos dirigimos al banco donde los otros tres se han sentado a esperarnos.

—¿Preparados para nuestra primera (y espero que única) actuación callejera? —les digo para llamar su atención.

Manu, María y Andrés se ponen de pie y por su actitud se nota que están avergonzados por haber presionado a Eva. Lo que ninguno de ellos, ni siquiera yo, esperábamos es lo que nuestra amiga dice a continuación:

—Ya podéis ir cambiando esas caras, que no quiero que mi debut como solista parezca un funeral. Andrés, ¿me pones la instrumental para que pille el tono?

Tardamos unos segundos en asimilar sus palabras. ¡Eva va a cantar! Los cinco nos abrazamos, y Manu y Andrés cogen a Eva en brazos para celebrar la noticia. ¡Qué emoción!

—Chicos, es la una del mediodía, démonos vidilla —digo.

—A la orden, capitana —contesta Manu—. Listillo, ¿usamos mi móvil para la música, que tiene más potencia?

Andrés asiente mientras saca los altavoces de la mochila y, con su teléfono, le deja la versión instrumental a Eva para que vaya practicando. María y yo nos vamos a la calle principal de Camden y con un spanglish de lo más molón empezamos a dirigir a la gente hacia el parque donde vamos a bailar. Total, no nos hace falta ensayar... ¡Nos sabemos la coreografía a tope!

Cuando una treintena de personas esperan de pie a ver qué vamos a hacer, los cinco nos miramos y sabemos que es el momento. Nos abrazamos en círculo y yo aprieto la mano de Eva para darle ánimos. Ella me sonríe y con los labios dibuja un «Gracias» que nunca olvidaré. ¡Que empiece el espectáculo!

Nos colocamos en nuestras posiciones y Andrés le da al Play. La música empieza a sonar y con la intro damos nuestros primeros pasos, pero las caras de sorpresa máxima llegan cuando Eva empie-

za a cantar. ¡La gente se ha quedado de piedra! El público empieza a aplaudir siguiendo el ritmo de la música y acaba estallando en un aplauso gigante cuando terminamos. *¡Ojalá papá nos hubiese visto!* Disfruta casi más que yo con las coreografías, y esto que acabamos de hacer en pleno mercado de Camden es algo épico. Y por increíble que parezca... ¡nos están dejando dinero en la cajita de cartón que hemos puesto en el suelo!

—¡Ciento cuarenta libras! —grita Andrés al hacer el recuento de lo recaudado—. ¡Ciento cuarenta!

—Con eso y con lo que llevamos suelto seguro que pillamos algo guay de ropa —afirmo entusiasmada.

¿Y qué mejor lugar para buscar ropa guay que Camden Market? Recogemos nuestros bártulos y nos perdemos por los puestos de ese mercadillo que parece sacado de otro planeta. El olor a comida se mezcla con el del cuero, y nuestros ojos, abiertos como platos, dejan claro que estamos alucinando con todo.

—Eh, chicos, mirad qué tienda más... rara —señala María y se desvía hacia un rincón donde hay un puestecillo que mezcla prendas de segunda mano con otras nuevas que son supercoloridas y bastante estrambóticas.

—¿Raro? Bueno, esa es una de las mejores definiciones que me hicieron en la última década.

Un hombre sale de detrás de unos abrigos y casi nos morimos del susto. Su acento argentino era lo último que esperaba encontrarme en un mercado de Londres. El tono con el que habla y su mirada me ponen los pelos de punta. Qué tipo más extraño.

—¿Puedo ayudaros? ¿Buscáis algo en concreto?

—Sí... bueno, no sé —respondo un poco alucinada—. Necesitamos ropa para una actuación. Tenemos que bailar en un concurso y nuestro equipaje ha desaparecido... Bueno, eso da igual. El caso es que tenemos unas doscientas libras de presupuesto, ¿tú crees que...?

—No, yo creo no. Yo sé —me interrumpe él con una voz que da repelús.

El señor misterioso se ha perdido entre decenas de prendas de ropa que cuelgan de una barra del techo y nosotros cinco nos miramos con incredulidad. A los pocos segundos vuelve a aparecer con trajes en las manos y los expone sobre lo que parece un mostrador.

—¡Uala, es genial! —exclama María asombrada—. ¡Me encanta este top rojo!

—Sí, la verdad es que todo... Todo pega a la perfección con el baile y la canción. Cualquiera diría que nos estabas esperando... —le comento al hombre con una sonrisa.

—Es que lo estaba haciendo —me contesta él con un guiño de ojo muy enigmático.

El tipo realmente es muy raro, pero ha dado en el clavo. Y encima nos lo deja a un buen precio: por los cinco conjuntos nos cobra ciento cincuenta libras, es decir, treinta por traje. ¡Ni en Primark!

—No pensaréis poneros eso, ¿no? —pregunta el argentino señalando nuestras zapatillas.

¡El calzado! No habíamos pensado en ello. Las zapas que traíamos para actuar también estaban en las maletas. ¿Y ahora qué?

—A ver, dejadme que piense. Dijisteis que teníais doscientas libras, ¿no? Menos las ciento cincuenta que os he cobrado... os quedan cincuenta. Con eso no hacéis nada. Ahora bien, se me ocurre... —comenta rascándose la barbilla.

—¡Aceptamos sugerencias! —interviene María—. Bueno, más bien las necesitamos, ji, ji, ji.

—Conozco a un tipo que conoce a otro que... Bueno, da igual. El caso es que hay una tienda de empeños donde pagan bastante bien, tal vez ahí podríais sacar algo de dinero... Está por Tower Bridge... Dadme un segundo.

El argentino saca un papel y nos anota una dirección y una especie de mapalaberinto que indica el camino desde la salida del metro hasta la tienda de empeños.

—¡Muchísimas gracias! —le digo con sinceridad—. Encontrarte ha sido un regalo del cielo...

Nos miramos entre todos, sonreímos y salimos de la tienda aunque puedo oír a lo lejos la voz del argentino que nos grita algo así como «Y machacad a esas italianas».

Por unos instantes dudo. No recuerdo haber mencionado a nuestras rivales. ¿Me estaré volviendo loca o el vendedor argentino es todavía más misterioso de lo que parece?

CAPÍTULO 8 ♥ La decisión más triste

Viernes, 11 de noviembre. 14.00 horas

—No quiero ni imaginarme cómo debe de ser esto cuando se estropean las escaleras mecánicas.

El comentario de María nos hace reír a todos. Y es que el metro de Londres, aparte de ser muy extenso y de tener un montón de líneas de colores que parecen un laberinto, es muy profundo, con lo que hay que bajar y subir muchas escaleras.

Hemos llegado a la estación de London Bridge y su aspecto exterior es bastante deprimente. Una pared de ladrillo marrón llena de humedades es lo primero que vemos al salir a la calle. ¿Se supone que en este sitio tan gris vamos a encontrar solución a nuestro problema? «Mantén la esperanza, Laura.»

—Según el mapa del argentino, tenemos que ir hacia la derecha, luego hacia la izquierda, cruzar una especie de parque y girar a la derecha otra vez —explica Andrés con tono de no entender mucho las instrucciones que hay dibujadas en el papel.

—¿Estás seguro de que no lo estás mirando al revés? —pregunta Manu, como siempre tan simpático.

Andrés lo mira levantando una ceja y sonríe.

—¿Quieres probar tú? —le espeta.

—¿Yo? Prefiero reírme un rato. Cuando necesites ayuda de verdad acudiré en tu rescate —responde Manu.

Resoplo. A veces desearía tener un botón de Mute para hacer que se calle un rato. Menos mal que Andrés se toma las cosas con calma y pasa de todo. De lo contrario, tendríamos un cóctel molotov a punto de explotar con cada comentario de Manu. ¡Qué tío!

—Es importante saber cómo llegar —interviene María—, pero también estaría bien tener claro qué le vamos a ofrecer al señor de la casa de empeños. Porque por nuestra cara bonita no nos va a soltar ni un *round*...

—*Pound* —la corrige Manu.

—Pim, pam, *pound*... libras en español, lo que sea —replica ella con cara de fastidio.

—¿Os parece que nos sentemos en aquellos bancos y hagamos un inventario de lo que llevamos encima? —propongo antes de que estos dos empiecen una guerra verbal.

Los cinco nos dirigimos a unos bancos de madera llenos de grafitis que están en mitad de una pequeña zona ajardinada. Alucino con la cantidad de rinconcitos verdes que hay en Londres, no imaginaba que fuese así. Con lo poco que he visto, esta ciudad me parece superguay. Ojalá tuviésemos más tiempo para visitarla bien.

—A ver, pasando de las mandarinas, ¿verdad? —dice María en broma.

—Mmm, yo creo que sí —convengo—. A ver, yo llevo la batería externa del móvil, mi reloj amarillo y poco más...

88
MM
2018
The AMAZING
SPIDER-MAN

—Mi carcasa edición limitada de Stephen Curry puede darnos algo de pasta —añade Manu.

—¿Curry? ¿Eso no se come? —pregunta María.

—¡¿No sabes quién es Stephen Curry?! —le grita Manu con cara de alucine total—. ¡No me lo puedo creer, no mereces ni que te dirija la palabra!

—¿Sabes qué pasa? Que la gente tiene vida más allá de los partidos de la NBA, guapo —le suelto mientras le saco la lengua—. Andrés, ¿tú tienes algo?

—Como no quieran el cómic de Spiderman que me compré hace un mes... —propone sin mucho convencimiento.

—Yo creo que mis auriculares Beats pueden darnos algo de pasta —se oye decir a Eva—. Costaron bastante caros, la verdad, así que creo que podemos sacar algo de dinerillo...

Mis cálculos mentales me dicen que podemos llegar a las **cien libras**. Entre eso y las cincuenta que nos han sobrado, tendríamos para cinco pares de zapatillas en alguna tienda baratilla, digo yo. ¡Positivismo a tope!

—**Andrés, ¿y si buscamos la localización en el móvil?**

La pregunta de María llega después de que llevemos más de cuarenta minutos intentando llegar al sitio de los empeños.

¿Cómo puede estar tan escondido? O eso, o Andrés no tiene la capacidad de interpretar los mapas.

—Ya lo he intentado... pero por alguna extraña razón, la calle no aparece. Mira —responde acercándole la pantalla del móvil a la cara mientras abre el mapa.

—¡Uala, es verdad! —exclama María—. El móvil se queda pillado... ¡Qué raro!

—Igual de raro que el argentino... —susurra Eva pensativa.

Tiene razón. El argentino de Camden tenía algo extraño, algo que no sé explicar pero que te provocaba escalofríos. Estaré paranoica. Más bien nerviosa. Necesitamos encontrar el sitio ASAP, comprar las zapatillas y salir pitando al hotel para ensayar. Esas italianas me han dejado con mal cuerpo...

—¡Lo tengo! —brama Andrés sacándome de golpe de mis pensamientos.

Un momento, ¿dónde está Andrés?

Los cuatro nos hemos quedado con los ojos como platos. Nuestro amigo ha desaparecido y nosotros estamos de pie, en mitad de un callejón, dando vueltas y mirando hacia todos los lados para averiguar de dónde ha venido la voz de Andrés.

—¡Chicos, aquí! —le oímos decir.

Resulta que Andrés nos habla desde las alturas. En un hueco del callejón ha encontrado un acceso de peldaños de piedra que lleva a otra pequeña callejuela, por así decirlo, desde donde nos está hablando. Con la mano nos indica que subamos y lo sigamos. **Da un poco de mal rollo**, la verdad, pero si el camino es ese... ¡no se diga más!

—¡Qué mal huele...! —se queja María.

—Es mirra —interviene Eva—. Alguien la está usando como incienso.

—¿Mirra? ¿Lo de los Reyes Magos? —pregunta Manu.

—Sí, eso mismo —responde Eva.

Seguimos a Andrés y llegamos hasta una puerta de madera destartalada. Un cartelito de metal señala hacia una cuerda que, se supone, es el timbre para llamar. Todos nos hemos quedado quietos ante la puerta y de repente ocho ojos me miran. **¿En serio?**

—Vale, vale, ya llamo yo... —accedo tras leerles el pensamiento.

Tiro de la cuerda y un sonido de campanas inunda el pequeño espacio. Oímos movimiento en el piso superior y vemos cómo la persiana se mueve, aunque no conseguimos identificar a nadie. Este lugar da yuyu, no lo voy a negar. Unos pasos se acercan a la puerta y oímos los cerrojos abrirse. El corazón me late a mil por hora, creo que todos estamos a punto del histerismo.

Nos quedamos parados cuando la puerta se abre y no vemos a nadie tras ella. ¿Hola? Del interior proviene una luz anaranjada y el olor a mirra se ha intensificado muchísimo. Alguien se aclara la voz y el sonido nos obliga a mirar abajo.

—*Can I help you?*

Un enano. Nos ha abierto la puerta un señor que no levanta medio metro del suelo pero que tiene un aspecto que impone. Tatuado, con piercings en la nariz, la ceja, las orejas y los labios. Ese hombre nos ha dejado sin habla.

—*Can I help you, guys?* —repite con impaciencia.

—*Oh, yes, yes* —le contesto abriéndome paso entre los demás y sonriéndole en son de paz—. *We came from Camden, a man told us that maybe you could help us...*

—Hablo español —me interrumpe sin mover un solo músculo de la cara—. Os manda el alfajor, ¿verdad?

«¿Alfajor? Pero ¿eso no se come?»

OOD FOR
HEALTH
りんご
もも

—Bueno, no sé cómo se llama pero tiene un puesto de ropa así como estrafalaria... —empiezo a explicarle.

—Vale, vale. Pasad —nos dice sin mucho interés por lo que intentaba decirle.

Bueno, por lo menos habla español, así que no empezamos tan mal. **Ahora toca negociar**... ¿Y eso cómo se hace?

Entramos en el local, y por dentro es igual de raro que lo que nos habíamos imaginado. Hay un par de jaulas con unos pájaros dentro que no sabría decir si son de verdad, si están disecados o simplemente son muñecos de madera. La humareda que desprende el incienso de mirra es bastante intensa y mis ojos lo notan al instante.

Nos hemos quedado todos en silencio y seguimos a ese hombre, del cual no sabemos ni el nombre, hasta una mesa de madera con cinco sillas alrededor. Cinco, como nosotros. Qué casualidad...

—Sentaos, voy a por mis cosas —nos indica el señor.

Segundos más tarde aparece con una especie de trona pero sin motivos infantiles, sino con calaveras talladas en la madera que intimidan un poco. ¿Dónde nos hemos metido?

—Imagino que queréis vender algo, ¿no? —nos comenta una vez sentado en su trona y situado a nuestra altura.

—Sí... sí, verá... —me aclaro la voz—. Necesitamos dinero para comprar unas zapatillas, hemos venido a un concurso de baile y han desaparecido... bueno, más bien todo lo que traíamos porque...

—No me cuentes tu vida, cielo —me corta—. ¿Qué tenéis para ofrecerme?

Vaya corte. Me debo de haber quedado con cara de póquer porque no esperaba un comentario tan brusco, la verdad. Miro de un lado a otro y me encuentro con la mirada de miedo de Eva y María. Menos mal que Manu me echa un cable.

—Material bueno. ¿Qué te parecen estos Beats último modelo? ¿Cuánto podrías darnos por ellos?

El hombre les echa una mirada tan fugaz que dudo que haya visto siquiera el logotipo de la marca.

—Nada.

—¿Cómo que nada? —salta Manu sorprendido—. ¿Tú sabes cuánto...?

—He dicho que nada —sentencia—. No me interesan. ¿Qué más?

Volvemos a mirarnos entre todos. Los auriculares eran nuestro plato fuerte. Si no ha querido eso, dudo que le vaya a interesar mi reloj amarillo o la batería externa del móvil...

—¿Un cómic de Spiderman? —apunta Andrés a la vez que saca el ejemplar de su mochila y lo guarda al ver la cara de desinterés del señor sin nombre con el que estamos negociando.

Pues vamos bien. Lo último que nos queda son las mandarinas de María, así que creo que ya no tenemos nada más que hacer en este sitio. Tanto caminar para nada... Un momento, ¿por qué el hombre me está mirando así?

—Quiero eso —me dice moviendo la cabeza.

—¿Eso? —repito sin saber de qué me habla.

—Sí, lo que llevas en el cuello.

¿Cómo? Bajo la barbilla y tan solo veo mi chaqueta rosa... No sé de qué me está hablando. Vuelvo a levantar la vista con cara extraña. No entiendo a qué se refiere.

—El colgante, la piedra. **Quiero eso.**

Automáticamente me llevo la mano al cuello y toco la cadena que mi abuela me dio hace unas horas en el aeropuerto. Ni me acordaba de que lo llevaba. Un momento. ¿Cómo sabe que llevo un colgante con una piedra si está oculto bajo mi jersey?

—¿Aceptas el trato? —me insiste.

Estoy perpleja. Mis neuronas deben de estar corriendo de un lado a otro de la cabeza intentando procesar la información para averiguar cómo demonios sabe este señor que llevo un colgante con una piedra bajo la ropa. Me duele la cabeza y noto cómo las sienes me palpitan.

—Doscientas libras —me ofrece sin dudar.

Las reacciones de asombro de mis amigos me obligan a mirarlos, pero sigo sin poder articular palabra. Estoy paralizada.

—Vamos, bonita, no tengo todo el día. Doscientas cincuenta es mi última oferta.

Mi espalda se ha tensionado y noto un cosquilleo que me recorre la espina dorsal. Esto no tiene ni pies ni cabeza, es ilógico, irreal, un sinsentido, una cosa sin...

—¡Doscientas cincuenta libras nos parece una oferta maravillosa! —exclama María mirándome con los ojos muy abiertos—. ¿A que sí, Laura?

No reacciono. Estoy petrificada. Solo miro de un lado a otro, pero no consigo decir ni mu hasta el momento en que noto las manos de María rozando mi cuello para desabrochar el colgante.

—¡No! —grito saliendo de mi trance y cubriendo mi nuca con la mano.

María aparta las manos de golpe. Mis amigos tienen la sorpresa dibujada en sus rostros y al hombre pequeñito se le escapa una sonrisa torcida. Cualquiera diría que está disfrutando con esto.

—¡El colgante no! —repito alzando el tono de voz.

—Muy bien, pues creo que ya no tenemos nada más que hablar —afirma el hombre con mirada desafiante.

Miro a mis amigos y se me cae el alma a los pies. La decepción se palpa en el ambiente. Mi colgante es la única oportunidad que tenemos de conseguir dinero para comprarnos las zapatillas y bailar mañana en la final del concurso. Pero es que ese colgante es muy especial para mí...

—Pues será mejor que nos vayamos —propone Manu levantándose de la mesa—. Vamos, chicos.

El resto del grupo se pone de pie y coge sus chaquetas.

No puedo. No puedo hacerlo. Esto es algo muy importante, no solo para mí sino para ellos, y si no podemos bailar nada de esto habrá servido.

Todo el esfuerzo habrá sido en vano. Respiro hondo y cierro los ojos. Las mejillas me arden pero sé que esto es lo que debo hacer.

—Está bien. Pero no aceptaré menos de trescientas libras —digo con rabia.

—Pero si hasta sabes negociar... —observa el hombre—. Trato hecho, trescientas y no se hable más.

りんご
もも

Con cuidado me desabrocho el colgante y lo sujeto con la palma de la mano. Lo miro por última vez porque, después de esto, dudo que vuelva a tenerlo de nuevo. Mis ojos se humedecen, siento que estoy traicionando no solo a mi abuela, sino a todas las generaciones anteriores que han guardado ese colgante con tanto amor. «Laura, no tienes más opción.»

Entrego el colgante y el hombre me da un recibo con fecha de caducidad de un año. Ese es el tiempo que tengo para recuperar la joya pagando las trescientas libras más los intereses que se hayan acumulado. Me doy la vuelta para salir de ese cuchitril que se ha convertido en una asfixia para mí. Entre la luz baja, las jaulas con los animales y ese olor tan intenso, siento que me mareo.

Cuando estoy a punto de poner un pie en la calle donde me están esperando los demás, noto cómo alguien me toca la pierna. Es el hombrecillo.

—Los negocios son así, bonita. No obstante, **el destino es muy caprichoso** y si ese colgante es para ti, volverás a recuperarlo —declara clavándome la mirada.

Salgo sin despedirme y oigo cómo la puerta se cierra a mi espalda. No me doy la vuelta, tan solo quiero huir de ese lugar donde acabo de dejar una parte de mi familia y una parte de mí.

CAPÍTULO 9 ♥ La magia de Carnaby

Viernes, 11 de noviembre. 15.00 horas

Llevamos un rato caminando hasta que volvemos a esa boca de metro que tan fea nos pareció al llegar a Tower Bridge. Creo que ahora me parece aún más horrible que antes. Supongo que mi estado de ánimo tiene algo que ver con eso.

Desprenderme del colgante de mi abuela me sigue doliendo, por mucho que haya intentado disimular cuando los chicos me han preguntado si era una joya de mucho valor. Lo cierto es que desconozco cuánto costaba aquel colgante, pero el valor sentimental que tenía era enorme. En fin, ya no vale la pena lamentarse. Hay que mirar para delante y conseguir, más que nunca, lo que hemos venido a hacer: ganar el concurso.

—¿Volvemos a Camden a buscar los zapatos?

La pregunta de María nos pilla por sorpresa. Durante el camino hemos estado hablando de lo que nos ha costado encontrar el sitio de los empeños, de lo raro que era aquel hombre y de las cosas curiosas que habíamos visto en su casa, pero no habíamos decidido dónde ir a por el calzado.

—Creo que hay una zona mejor donde buscar —interviene Eva—. Mi prima estuvo un tiempo viviendo en Londres y me dijo que hay un sitio por el centro que tiene unas tiendas superchulas. Se llama... a ver, un momento, que lo tengo apuntado en el móvil... Mmm, ¡aquí está! **Carnaby**.

—Ni idea —dice Manu.

—Es una zona de tiendas de ropa y calzado. Por lo que me dijo mi prima, hay una calle principal y luego otras alrededor donde también hay tiendas. Y además es muy bonito porque es un lugar que siempre está adornado con cosas de colores —cuenta Eva con emoción.

—Pues ya tenemos destino, chicos —sentencio con algo de la alegría que me ha contagiado Eva.

Nos apeamos en Picadilly Circus Station y lo que vemos al salir del metro no tiene nada que ver con la estación de Tower Bridge. **¡Qué pasada!**

Lo primero con lo que nos encontramos son unas pantallas de led enormes en mitad de una plaza igual de gigantesca que está abarrotada de gente. Como ya ha oscurecido, las luces de los anuncios que emiten las pantallas lo iluminan todo y tengo la sensación de que estoy en pleno Nueva York. Los edificios que hay en la zona son una auténtica obra de arte y tienen unas entradas y unas columnas que parecen de otro siglo, como si los hubiesen traído directamente desde el pasado. **Me acabo de enamorar de esta ciudad**.

—¿Alguna vez habíais visto a tanta gente junta? —pregunta Manu. Está igual de flipado que todos nosotros.

—¡Qué pasada de sitio! —exclama María—. ¡Eva, has tenido una idea genial al traernos aquí!

—Bueno, Carnaby no es esto exactamente... Según el mapa tenemos que caminar unos quinientos metros para llegar a la calle principal.

—¿Y no nos podemos quedar un ratito aquí? —se queja María.

—Si queremos tener algo que ponernos en los pies para bailar mañana, más vale que no —le contesto—. ¡Vamos antes de que nos cierren las tiendas!

Unos minutos después llegamos a la calle de la que Eva nos ha hablado, y lo único que puedo hacer es abrir los ojos como platos y mirar de un lado a otro. ¡Me encanta este sitio! Justo en el inicio de la calle hay un enorme cartel por encima de nuestras cabezas con unas letras gigantes que forman la palabra LOVE. ¡Argh, quiero quedarme a vivir aquí!

—Chicos, ¡foto aquí ya mismo! —exige María.

—Me has leído el pensamiento —le confieso mientras nos colocamos todos juntos y Manu, que es el más alto, alarga el brazo para hacerse un selfi.

—¿He cerrado los ojos? —pregunta Eva.

—¡Qué va! ¿Me la pasas y la subo a Insta? —le pido a María tras comprobar que ese selfi nos ha quedado de lujo.

Empezamos a caminar por esa calle y es inevitable que nos detengamos en cada uno de los escaparates. ¡Hay cosas superoriginales!

—Esto no lo venden en Almería —dice María enfurruñada.

—Ni en Almería ni en el resto de España —apunto yo.

—Es que a esos precios... —interviene Andrés.

LOVE
REVOLUTION
LOVE
WISH
HOPE
KISS
LOVE
HOPE
size

Uala, qué caro es todo. No me había fijado hasta que Andrés lo ha mencionado y casi me caigo de espaldas. Un monedero supercuqui con unas piedras incrustadas cuesta 80 libras. ¡Qué barbaridad!

—No es por desanimar, pero en este sitio todo es **MUY** caro —afirma Andrés—. Creo que vamos a tener que irnos a otra zona de compras porque esto no pinta...

—¡Mira! —grita María con su típico tono de voz superalto.

Todos volvemos la cabeza en dirección a donde señala con el brazo. Una tienda con muchos adornos en su exterior llama la atención de nuestros ojos, aunque enseguida me doy cuenta de que la razón por la que María nos ha hecho mirar no es su decoración sino un enorme cartel donde se puede leer SALES. ¡Rebajas!

Como si fuéramos caminantes de *The Walking Dead*, nos dirigimos a la tienda y entramos en plan estampida. Jerséis, chaquetas, bufandas, gorros, pantalones, tops, bisutería... Hay tanta cosa y de tantos colores que me empiezo a marear. ¡No me digas que tienen de todo menos zapatos!

—¡Chicos, mirad! —nos indica Eva intentando no alzar mucho la voz.

Ha encontrado la zona del calzado y allí hay modelos para todos los gustos. Zapatos de tacón, bailarinas, deportivas con unas cámaras de aire que te hacen volar directamente... ¡Vaya locura!

Y de repente las veo. Ahí están: las botas más maravillosas que jamás haya podido imaginar.

—Laura, dime que estás mirando lo mismo que yo —me susurra María al oído.

Con solo mirarnos nos hemos entendido. Las dos hemos caído rendidas ante esas botas rojas con suela de goma y cordones dorados. ¡Son lo más TOP que hemos visto jamás! Por favor, por favor, por favooor, que no sean megacaras...

—¿Qué os parecen? —pregunta María cogiendo una de las botas y mostrándosela al resto del grupo como si fuese un trofeo—. ¿No os parecen ideales?

—Ideales para que todo el mundo nos mire, ¿verdad? —responde Manu con cara de duda.

—Amigo, de eso se trata... —replico.

—A mí me parecen demasiado cantonas, chicas...

—De eso se trata, Manu —se mete Eva—, de **llamar la atención**. Y con estas botas tenemos medio concurso ganado. No me digas que no...

Manu mira a Andrés buscando algo de apoyo masculino y se encuentra con que nuestro amigo asiente dándonos la razón a nosotras. ¡La opinión general ha hablado!

—¿Y cuánto cuestan? —pregunta Manu con voz de fastidio.

—Mmm, déjame ver... ¡setenta libras cada par!

—¿En serio?

—Pues, tenemos solo trescientas cuarenta... nos faltan diez libras —dice Andrés, preocupado.

Mi corazón se acaba de romper en mil pedazos. Cuando coloco

la bota en su sitio con la decepción más absoluta en mi rostro, alguien se dirige a nosotros.

—*Guys, those boots are our super sale of the week. Get them for just fifty pounds!* —nos anuncia una señora muy simpática con unos mofletes colorados.

—*Really?* —contesta María con cara de asombro.

—¡Pues son nuestras! —sentencio—. Y aún nos sobra dinero para comprarnos algo rico de comida... o de cena. Con todo lo que ha pasado ni siquiera hemos comido y la verdad es que ya toca. ¿O soy la única que se muere de hambre?

♥

—Me declaro fan absoluto de este sitio —declara Manu con la mirada clavada en la comida. Está a punto de meterse entre pecho y espalda un plato de macarrones a la carbonara y una pizza barbacoa que no sé ni cómo cabe en el plato.

Al salir de la tienda de las botas entramos en un restaurante italiano que se llama Vapiano donde te hacen la comida delante de tus ojos mientras tú seleccionas los ingredientes. Al final me quedaré con las ganas de probar el *fish and chips* mítico de Londres, pero en este sitio todo tiene una pintaza increíble.

—Parece que las cosas se han ido solucionando, ¿no? —comenta Andrés mientras traga sus macarrones *frutti di mare*.

—Sí, pero deberíamos ensayar un poco con la ropa que hemos comprado. Tenemos que sentirnos cómodos con las nuevas prendas. Y con las botas —señalo pensativa.

María y Manu me dan la razón asintiendo con la cabeza y sin parar de masticar. La aventura por las calles de Londres nos ha dejado hambrientos y parece que lo primero es llenarse el estómago.

—Pues ya podemos darnos prisa porque leí en el cartel de recepción del hotel que cerraban las instalaciones a las nueve de la noche y son... —Eva saca su móvil del bolsillo para comprobar la hora—. ¡Las siete y media!

María se atraganta con el refresco de cola.

—¿¿Quééé??

Parece que, como yo, ha alucinado con lo rápido que han pasado las horas y el poco tiempo del que disponemos para ensayar.

—Pues no es por ser aguafiestas pero... cinco minutos y nos vamos, ¿vale?

Todos asienten con la cabeza ante mi propuesta, aunque teniendo en cuenta que estábamos hambrientos, los platos no iban a tardar mucho más en quedarse vacíos.

Las once menos cuarto. ¿Por qué tiene que pasarnos todo a nosotros? Salimos a toda prisa del restaurante y cuando fuimos a subir al metro nos encontramos con que estaba averiado.

Como no teníamos dinero para pillarnos un taxi, tuvimos que esperar a que lo arreglaran... total, que son las once de la noche y estamos entrando en el hotel. ¿Qué le pasa al karma con nosotros?

—No nos van a dejar ni de broma —salta Eva.

—Por probarlo no perdemos nada. Total, el «no» ya lo tenemos —le responde María.

Están discutiendo la opción de pedir en recepción que nos dejen las llaves de la sala para ensayar, a pesar de que el cartel indica claramente que la hora de cierre era las nueve de la noche.

—*Excuse me* —dice con tono dubitativo Eva mientras lanza la temida pregunta a la oronda señora de recepción. La mujer la mira por encima de las gafas con cara de «¿Me tomas el pelo?», y por si su «*Impossible*» no es suficientemente claro, le señala el dichoso cartelito. Nuevo FAIL para la saca.

—¿Y ahora qué? —gesticula María en los sofás del hall donde nos hemos sentado—. Las habitaciones no tienen espacio suficiente para ensayar, y en la calle hace un frío que pela.

—¿Y si ensayamos aquí, en la recepción? —propone Andrés.

—¿Tú qué quieres, que nos echen directamente del hotel? —repone Manu.

PSSS, PSSS. De repente, un sonido se cuela en nuestra conversación. Nos damos la vuelta y nos encontramos con la cara de un chico vestido de botones que oculta su cuerpo tras una planta para no ser captado desde los mostradores de recepción.

—Perdonad que me meta... Os he oído hablar y bueno... Me llamo Javi, soy de Albacete y bueno... Nada, que tal vez os pueda echar un cable con lo de la sala.

Los cinco nos miramos con alucine y una sonrisa se dibuja en nuestros rostros.

—¿Cómo? —exclama María.

—Bueno, yo puedo conseguiros las llaves de la sala. Mi responsable se irá en diez minutos y el recepcionista de noche siempre está empanado —se interrumpe con una risa nerviosa—. Nadie se enterará... Eso sí, antes de las siete de la mañana me las tenéis que devolver, que acabo el turno a esa hora y como no estén, tendremos un problema.

—Eeeh... vaya, muchas gracias —le digo un poco aturdida.

—¿Y por qué quieres ayudarnos? —pregunta Manu con un tono un poco cortante.

—La tierra tira, hermano... ¿Quién mejor para ganar ese concurso que unos españoles? ¡Que se note que somos unos cracks!

Todos nos echamos a reír por la gracia con la que Javi ha dicho esas palabras. Unos minutos más tarde aparece con el juego de llaves en las manos y nosotros nos escabullimos por la escalera que lleva a la sala. Sin hacer mucho ruido, nos situamos y ponemos la música en nuestros móviles a un volumen bastante bajo, no sea que alguien nos oiga y la liemos. Lo tenemos todo a punto cuando Andrés grita:

—¡Lo que faltaba!

—¿Qué pasa? —pregunta Manu con cara de sorpresa.

—¡Míralo tú mismo!

Manu se acerca a Andrés y fija la vista en su móvil.

—Chicos, ¿nos contáis qué pasa? —les pido.

—Pues nada, que nuestras amigas las italianas han estado haciendo campaña de la buena y son TT... —contesta mientras observa la pantalla del teléfono.

—¿En serio? —grita María mientras corre a cotillear lo que nuestros amigos están viendo en las pantallas.

—Bufff, nos van a machacar —augura Andrés.

—Ya está bien —digo y doy una palmada que hace que todos levanten la vista de sus teléfonos—. Hemos pasado la selección, hemos llegado a Londres, hemos logrado hacernos con ropa y calzado nuevo y, por si fuera poco, los astros nos mandan a un botones español que nos ayuda para que tengamos una sala de ensayo a medianoche. ¿En serio os vais a desanimar por las *italianinis* esas después de todo lo que nos lo hemos currado? ¿Hola? **¿Me tomáis el pelo?**

Los tres se miran y cruzan una mirada con Eva, que asiente con la cabeza, dándome la razón.

—Yo no he pasado la vergüenza de mi vida cantando en público para que a última hora os entre el miedo... —agrega.

—¿Miedo? No, no... no es miedo, es solo que...

—¿Qué, Manu? —le digo desafiante.

Él respira hondo, se aleja de María y Andrés y viene directo a mí. Se detiene delante de mí y me mira desde las alturas con los ojos brillantes.

—Pues que esas italianas desearán no haberse presentado al concurso cuando nos vean bailar. ¿Empezamos ya o esperamos a que se haga de día?

Sonrío con satisfacción y le doy al Play en mi móvil. Nos esperan unas horas de ensayo intensas, así que hay que ponerse las pilas ya. En unas horas nos la jugaremos delante del jurado. ¿Esto que siento en el estómago quiere decir que me estoy poniendo nerviosa?

CAPÍTULO 10 ♥ El mejor tropiezo de mi vida

Sábado, 12 de noviembre.
6.48 horas

Pum, pum, pum. Silencio. Pum, pum, pum.

Pero ¿qué pasa? **¿Qué es este ruido?**

Estoy tan cansada que no puedo ni abrir los ojos.

Pero cuando noto unas manos zarandeándome, los abro de golpe. ¡Nos hemos quedado dormidos en la sala!

—¿Sabéis qué hora es? —dice Javier alterado mientras entra en la sala después de que Andrés le haya abierto la puerta—. ¡No me puedo creer que hayáis pasado la noche aquí!

Ni él ni yo. ¿En qué momento decidimos sentarnos para descansar? Ah sí. Creo que eran las cuatro de la mañana. El cansancio de todo el día pudo con nosotros y ahora, que son casi las siete, estamos aturdidos y más agotados si cabe. A ver con qué caras nos presentamos a la final...

—Bueno, no nos estresemos, que aún tenemos dos horas hasta la convocatoria. **Era a las nueve, ¿verdad?** —pregunta Andrés.

—Sí, a las nueve en recepción —conviene Eva.

—Pues tenemos tiempo de sobra, chicos, así que *keep calm* —intervengo por primera vez.

Nos levantamos del suelo algo aturdidos, recogemos nuestras cosas y salimos de la sala. Javier cierra con llave y antes de irse por la escalera del personal nos desea suerte. ¡Suerte la que hemos tenido nosotros al encontrarlo!

—Chicos —dice Manu—, habrá que coger fuerzas para lo que se nos viene... ¿quién se apunta al bufet? ¡Necesito comer!

—¡Voy! —exclama María alzando el brazo como si estuviera en clase y supiera la respuesta de lo que está escrito en la pizarra.

Finalmente los cinco acabamos entrando en el comedor para desayunar y coger energía. ¡Este bufet es una pasada! Frutas de todo tipo (peladitas y cortaditas), yogures, embutidos, cereales, pastas con chocolate... Menos mal que solo estamos dos días aquí porque, si no, saldría rodando del hotel. De repente mi estómago me reclama comida como si no hubiese ingerido nada en días. ¡Qué pintaza tiene todo!

—Voy a por zumo, ¿alguien quiere? —se ofrece Eva.

Nadie contesta. Nos hemos quedado todos sin habla. El grupo de las italianas acaba de hacer acto de presencia en el comedor y ha conseguido que todos los que estaban desayunando dejasen de hacerlo durante unos segundos para admirarlas. Caminan como si estuviesen desfilando por una pasarela de Milán y llevasen encima los últimos modelos de Versace. Sus melenas, perfectamente lisas y de un moreno que impacta, se mueven con cada uno de sus golpes de cadera y ellas son absolutamente conscientes de que todo el mundo las mira. Y les encanta.

—¿Hace falta ir así por la vida? —pregunta María sin quitarles la vista de encima.

Seguimos sin contestar. Vemos cómo las italianas cruzan la sala sin reparar en la presencia de nadie. Ni siquiera hablan entre ellas. Andan con la cabeza bien alta, sabiéndose observadas y dejando claro que están encantadas de conocerse a sí mismas. **Todas menos una: Katia.**

La chica a la que le devolví la cartera en el aeropuerto entra la última, a toda prisa, como si las demás la hubiesen olvidado y ella intentase engancharse al grupo. Creo que lo único que comparte Katia con este es que son todas italianas. Y es que su comportamiento no tiene nada que ver con el del resto de las chicas. Ella no camina como si fuese Gigi Hadid ni mueve las caderas como Shakira. De hecho, nadie le presta atención porque todos están embobados con el resto del grupo que está llamando la atención con unas risitas histéricas en la barra donde están las frutas. ¿Qué tendrá de gracioso un trozo de kiwi cortado en rodajas?

—Buah, no puedo con ellas —insiste María.

—Hombre, hay que reconocer que el enemigo no pinta nada mal... —comenta Manu con una media sonrisa y sin quitar la vista de las italianas.

—¡No seas burro! —le espeta María dándole un codazo en las costillas.

—¿Qué tal si acabamos de desayunar y nos vamos al cuarto a prepararnos para la final? —intervengo.

Y eso es lo que hacemos. Veinte minutos después estamos subiendo en el ascensor y cada uno se dirige a su habitación. La única que está sola soy yo, así que me lo tomo con calma. ¿Qué mejor que la música de The Rocks para meterme en la ducha y dejar que el buen rollo se apodere de mi cuerpo? «Vamos, Laura, dale al *Play*.»

—*'Cause you're my one and ooonly, my one and ooonly.*

Argh. La música se detiene. Alguien me está llamando. Saco la cabeza por la mampara y con la cara llena de jabón toqueteo la pantalla del móvil y le doy al botón del altavoz.

—¿Sabes que se te escucha desde el pasillo? —se oye la voz de Manu.

—Pero ¿qué pasa, que me espías?

—¡Más quisieras! Pero no todos tenemos la suerte de tener el baño para nosotros solos, y como Andrés tarda la vida en ducharse, he salido a dar una vuelta... y, claro, tus berridos me han dejado traumatizado.

—¡Eres tan amable...! —lo alabo con ironía—. Y ahora, si no te importa, ¿me dejas que me aclare el pelo?

—Claro, señorita influencer... Pero acuérdese de controlar el tono de su voz, que no queremos que el edificio se hunda...

—Paso de ti —le suelto entre risas para después darle al botón de colgar.

Salgo de la ducha y automáticamente paso una toalla por el espejo del baño que, con el vapor, ha quedado empañado por completo. Son las ocho de la mañana. Perfecto. Hemos quedado a menos diez en el pasillo: voy bien de tiempo. Menos mal que llevaba una camiseta de recambio y el maquillaje en la mochila, porque las maletas siguen sin aparecer. ¿Dónde estarán? Unos golpes en la puerta interrumpen mis pensamientos.

—¡Lau, abre, soy yooo!

Ese «yooo» corresponde a María. Su voz es inconfundible.

—¿Qué pasa? —le pregunto al abrir la puerta y dejar que entre como un rayo en mi habitación.

—Pues que estoy sin *make up*, así que vengo a maquillarme aquí. Puedo, ¿verdad?

—Claro que puedes, tonta.

—¡Qué estrés llevo encima! No entiendo cómo tú no estás nerviosa, **¿de qué planeta eres?**

¿Quién ha dicho que yo no esté nerviosa? Lo cierto es que tengo un revoltillo en el estómago que espero se me pase porque, si no, corro el peligro de sacar por la boca todo el desayuno delante del jurado. Y no, eso no mola.

María y yo nos arreglamos al ritmo de las canciones de The Rocks y cuando son las 8.49 damos por finalizada la sesión de maquillaje. Salimos del cuarto y el resto del grupo ya está en el pasillo esperando.

—Pero si son las estrellas máximas del universo... —comenta Manu con tono burlón—. Sí que os habéis puesto monas, ¿acaso creéis que os vais a encontrar con ese tal Jack?

—Nos hemos puesto monas por nosotras, no por Jack. Aunque no estaría mal verlo... je, je, je —contesta María.

—Lo que estaría bien es asegurarnos de que lo tenemos todo —apunto—. ¿Andrés, tienes la ropa? ¿Eva, las botas?

Ambos asienten con la cabeza y los cinco sonreímos con satisfacción. Nos dirigimos al ascensor sin decir nada. Creo que estamos todos igual de nerviosos.

Cuando llegamos a la planta baja y se abren las puertas, el alboroto que nos invade es de campeonato.

La entrada del hotel se ha convertido en una especie de pasillo de instituto donde todos hablan, ríen y gritan a un volumen más elevado de lo normal. Y de repente, hace acto de presencia la organizadora estirada: Juliette.

—*OK, guys. Shut up, please!* —grita con intención de que nos callemos.

Juliette comienza a llamar a los grupos uno a uno, les entrega la acreditación correspondiente y recoge sus bártulos para colocarlos en unos trasportines que irán directos a los camerinos. **¡Tenemos camerinos!**

—¿Dónde están nuestras amigas? —me pregunta María al oído.

Tardo unos segundos en entender que se refiere a las italianas. Es verdad, ¿dónde se han metido? Parece que la pregunta de María se convierte en el preludio de su llegada porque, al instante, se abre la puerta del ascensor y aparecen ellas como si fuesen Little Mix en los Brit Awards.

Todos los presentes en el hall se vuelven a mirarlas y ellas, encantadas de ser el centro de atención, salen caminando como si estuviesen ya en el videoclip de The Rocks. Y es que ellas ya se han puesto el vestuario con el que van a competir y, la verdad, les sienta genial. Van con una especie de uniforme de animadoras pero el top que llevan tiene todo el pecho con tiras cruzadas, lo que les da un punto supersexi. El nudo en el estómago vuelve a atacarme.

—Son un poco petardas, ¿no? —observa Andrés.

—¿Un poco...? —replica María sin quitarles ojo de encima.

—Yo paso de ellas —afirma Eva para intentar quitarle importancia a esas rivales que apuntan a ser la competencia más dura.

El brazo de Juliette se empieza a mover de un lado a otro para indicar que ya podemos ir accediendo a la sala donde bailaremos. ¡Argh, qué nervios! Entramos en un enorme salón de actos donde ya está preparada en un estrado una mesa con tres sillas. Sin duda, ese será el sitio donde se siente el jurado. Juliette nos señala dónde debemos colocarnos hasta que empiece la final, que será a las diez de la mañana.

Me llama la atención que cada grupo se queda aislado con los suyos, nadie se mezcla. Ya sé que somos competencia, pero no entiendo esta tensión. Algunos se ponen a calentar y a hacer estiramientos, otros se apartan para hablar y la mayoría está con los móviles revisando sus redes sociales. Buf, me estoy poniendo nerviosa por segundos.

—Buah, nos quedan cuarenta minutos para empezar. ¿En serio tenemos que estar aquí encerrados? —plantea Manu con fastidio. Creo que está más nervioso de lo que quiere aparentar.

—Guau, ¿habéis visto la cantidad de retuits que tiene el vídeo de las italianas? —pregunta Andrés con el móvil en la mano.

Todos nos arremolinamos a su alrededor para mirar la pantalla. De repente siento que me ahogo y que necesito salir de ahí.

Como no quiero que nadie se ofrezca a acompañarme, decido escabullirme un rato sin decir nada a mis amigos.

Necesito estar sola y respirar aire, y aunque no sé adónde me dirijo, pongo rumbo fijo por unos pasillos que no tengo muy claro adónde llevan. Tiene que haber una salida de emergencia que dé a la calle sí o sí. Noto como si el techo se hubiese bajado unos centímetros y tengo mucho calor. ¿En serio me estoy poniendo así de nerviosa? «Vale, Laura, tranquila. Busca un baño y échate agua en la nuca. Eso siempre funciona.» Vale, ¿dónde está el baño?

—*Hey, sorry, can you help me?*

No. Ahora no. La que necesita ayuda soy yo, no estoy para ayudar a nadie... Pero la voz proviene de mi espalda y si no me vuelvo quedaré fatal. A ver si va a ser un miembro del jurado y nos van a descalificar por mi insolidaridad...

—*Yes, sure* —respondo mientras me doy la vuelta.

Petrificada. Me acabo de quedar petrificada. El chico que está detrás de mí, vestido con unos vaqueros desgastados de color gris y una chupa de cuero negro llena de tachuelas o es el hermano gemelo de Jack o... **¡es Jack!** Ay, que me da algo.

—*Do you know where the exit is?*

Exit. Eso es lo que necesito hacer yo, salir corriendo antes de desmayarme. Jack acaba de sonreírme y sus hoyuelos, los que tantas veces he visto en las revistas, se acaban de formar ante mis ojos. Tengo la sensación de que me va a traspasar con la mirada, e instintivamente doy un paso hacia atrás. Plof. Acabo de caerme de culo al suelo.

—*Are you OK?* —me dice él mientras se agacha para comprobar que estoy bien.

—*Oh... yes, yes. Sorry, I...* —balbuceo.

—*Are you lost, too?*

—*Well... yes, I don't know... the toilettes, do you know?*

Genial. Tengo a mi ídolo arrodillado junto a mí, a escasos centímetros de mi cuerpo, y le pregunto por los lavabos. ¿Se puede ser más romántica?

—*Sorry, no idea... I just need to get out of here, but let's see if we find the restrooms* —me propone tendiéndome la mano para que me levante.

—Hey, hey, get away from him! —se oye a lo lejos.

Un hombre muy alto y grandote aparece al fondo del pasillo y parece que ha visto al diablo. ¿Por qué está tan alterado? Jack pone los ojos en blanco y se vuelve. Parece que conoce esa voz.

—It's OK, it's OK. She was just trying to help me find... —me mira y me guiña el ojo *—the restrooms. Come on, man, relax!*

El hombretón me mira con desconfianza, pero creo que mi cara de susto le convence de que no soy ningún peligro. Jack se pone en pie, me mira de nuevo y extiende otra vez la mano. Yo, aún no sé cómo, alargo el brazo y dejo que me impulse para que me ponga de pie. Estoy tocando la mano de mi amor platónico y creo que el riego sanguíneo ha dejado de llegar a mi cabeza.

—I think they're over there —dice el hombre gruñón señalando hacia el fondo del pasillo—. *Let's go, buddy, the press is waiting for you, we don't have much time.*

Jack hace una mueca de desagrado. Luego me mira de nuevo, sonríe y me suelta un «*Nice to meet you*» que me deja flotando en el aire. Yo no puedo hacer otra cosa que devolverle la sonrisa (que ya es bastante, teniendo en cuenta mi estado de nervios) antes de que se dé la vuelta y se aleje junto al señor enfadado. Antes de doblar la esquina se da la vuelta de nuevo y creo leer en sus labios un **«See you»** que no sé si es real o producto de mi imaginación.

¿Adónde me dirigía antes de todo esto? La verdad es que ni me acuerdo ni me importa. Necesito regresar con los chicos y contarles lo que me acaba de pasar antes de que se me pare el corazón de la emoción.

CAPÍTULO 11 ♥ La final

Sábado, 12 de noviembre.
10 horas

—¿Dónde te habías metido, Lau?

Una sonrisa en mi cara es la única respuesta que obtiene María. ¿Que dónde estaba? **¡En el paraíso!**

—No os lo vais a creer... —respondo mordiéndome el labio—. Salí porque me estaba agobiando y necesitaba respirar aire, no sé... ¡Aaay! ¡¡¡Que he estado con Jack!!! ¡Me muero, me muero, me muero!

—¡¿Qué?! —exclaman todos a la vez con los ojos muy abiertos.

—Os lo juro. Muy fuerte todo. Nos encontramos en un pasillo, él también se había perdido, y bueno... —Y continúo de forma atropellada—: no sé cómo pero acabé en el suelo, él agachado a mi lado dándome la mano y... ¡oh, por favor! Os prometo que sus ojos son LO MÁS... brutal, increíble. Y luego...

—Pero ¿tú de qué vas? —me interrumpe Manu.

Todos dejan de prestarme atención a mí para mirarlo a él. La pregunta le ha salido con un dejo de seriedad que nunca le habíamos oído, y la sorpresa es común. ¿Por qué me habla así?

—A ver si lo entiendo... Te largas corriendo sin decir nada, dejándonos aquí tirados con cara de tontos, y resulta que te vas a ligar con el payaso ese que no sabe ni que existes. ¿Qué te crees, que ha caído fulminado de amor ante tus pies?

Estoy flipando. No puedo ni reaccionar. Manu nunca me había hablado con un tono tan serio y enfadado, diría que incluso con un poco de desprecio. Soy incapaz de responder porque estoy tan alucinada que no me salen ni las palabras.

—Muy bonito, Laura. Nos metes en este lío y te piras sin importarte que nos quedemos aquí sin saber nada de ti, preocupándonos mientras te vas de caza. Y ahora qué, ¿te aplaudimos?

Manu acaba su discurso y se me queda mirando fijamente. Sus ojos brillan y juraría que el labio le tiembla ligeramente.

No sé qué decir.

No estoy acostumbrada a que me falten al respeto de esta manera. Es una de las pocas veces en mi vida que me he quedado sin palabras.

—Y vosotros, ¿qué? —le dice al resto—. ¿Os parece bonito lo que ha hecho? Hace un minuto estabais de los nervios y ahora todos a reírle las gracias... —resopla—. Paso, me voy al camerino.

Manu se marcha y nosotros cuatro nos quedamos de pie como pasmarotes. Creo que ninguno puede procesar lo que ha pasado. La reacción de Manu nos ha pillado por sorpresa y no sabemos qué decir.

—Cómo se ha puesto... —María es la primera en hablar.

—Se ha sulfurado demasiado, ¿no? —comenta Andrés.

—Hombre, estábamos preocupados pero... —apunta Eva.

Yo los escucho, pero como de fondo. Me siento mal por haber preocupado a mis amigos de ese modo, la verdad, pero creo que Manu se ha pasado. Me largué de la sala sin dar explicaciones porque me estaba agobiando muchísimo, no por ir en busca de Jack. ¿En serio he dado esa impresión? Vale, debería haber dicho algo antes de irme, mal por mí en ese sentido.

—Siento haberos preocupado —hablo al fin—. No era mi intención, pero veo que se ha picado... ¿Vamos a buscarlo?

Llegamos al camerino y entramos sin llamar a la puerta. Manu está sentado en el suelo, con las rodillas dobladas y bebiéndose un refresco de naranja. Justo le da un sorbo cuando aparecemos y la sorpresa de vernos hace que se atragante.

—¿Qué pasa, que ahora queréis matarme a base de sustos? —comenta al terminar de toser.

Parece que ha desaparecido el enfado. Me acerco a él y me arrodillo para ponerme a su altura. Él me mira a los ojos.

—¿Me perdonas? —le digo con verdadero sentimiento.

Manu me mira unos segundos de una forma extraña. Hace unos minutos he conocido una parte de mi amigo que nunca había visto y ahora estoy un poco perdida porque no sé muy bien qué ha cambiado en él.

—Creo que soy yo el que te tiene que pedir perdón... No tenía derecho a hablarte así de mal, se me ha ido un poco la pinza...

—Entiendo que os hayáis preocupado, pero te prometo que ni lo pensé. Estaba agobiada, solo quería tomar el aire y...

—Laura, para. No hace falta que te excuses, en serio. Eso sí, la próxima vez avisa —me pide sacándome la lengua.

—Al final será verdad que no puedes vivir sin mí... —le contesto y me da un pequeño empujón con el que caigo de culo (otra vez) al suelo.

Todos nos reímos y la tensión de hace un momento se disipa. Volvemos a estar como siempre.

—Chicos, no es por alterar a nadie, pero estaría bien que nos fuéramos vistiendo, ¿no? —interviene Eva.

En un segundo nos ponemos manos a la obra. La verdad es que la ropa que hemos conseguido es muy top, creo que incluso más chula que la que traíamos desde España. Ya dicen que todo pasa por algo, ¿no?

—¡ALARMA! —grita María—. ¿Dónde están las botas?

—Están en la estantería de aquí... —responde Andrés y, acto seguido, puntualiza— bueno, estaban...

—Esto es una broma, ¿verdad? —suelta María nerviosa.

Vale, ha desaparecido el calzado. ¿Hola? Eso de que todo pasa por algo ya no me parece tan bien. ¿Por qué TODO nos tiene que pasar a nosotros?

—A ver, chicos, calma. Las botas no pueden haberse ido a ningún sitio solas... —digo intentando que los ánimos se apacigüen—. Vamos a buscar bien.

—Lau, hemos mirado en todos los rincones del camerino... **¡NO ESTÁN!**

Toc, toc. La puerta. Ay, seguro que han olvidado dejar las botas en nuestro camerino y nos las traen.

—*Morning, guys!* —saluda Juliette al otro lado de la puerta—. *Need you in the auditorium in five minutes, hurry up!*

—*Wait!* —grito antes de que se vaya—. *Where are our boots? We can't find them...*

—*They should be here* —responde con cara de sorpresa y echando un ojo al camerino sin intención de entrar—. *Maybe you forgot to keep them with the rest of your stuff... So sorry, guys, but it's almost time for the show. Don't be late!*

Juliette se da la vuelta y se marcha, como si la cosa no fuese con ella. ¡Vaya organizadora nos ha tocado!

—¿Y ahora qué? —pregunta María con cara de pánico.

—Ahora SÍ que no tenemos tiempo para un plan B... bueno, C en este caso, que serían los terceros zapatos que buscamos... —se lamenta Andrés.

—Oye, en serio, ¿a quién le han echado una maldición? —reflexiona Manu mezclando el tono serio con el de broma.

«Laura, piensa en algo.»

—Estoy segura cien por cien de que pusimos las botas junto a la ropa. Las llevábamos hace un rato, así que tienen que estar por aquí.

Nos ponemos todos a rebuscar por el camerino como locos otra vez, pero si no las hemos visto ya, dudo que las encontremos. No puede ser... faltan menos de cinco minutos para entrar en el auditorio...

—¡Lo tengo! —grito.

—¿Las botas? —pregunta María con la cara iluminada.

—No, eso no... Digo que tengo una idea. Esta es la segunda vez que nos quedamos sin calzado, ¿no? Tal vez el destino nos está mandando una señal...

—Claro... Y qué hacemos, ¿bailamos descalzos? —propone Manu con sorna.

—**¡Exacto!** —contesto—. ¿Quién necesita botas, zapatos o lo que sea cuando tenemos nuestros maravillosos pies? Además, fijo que somos los más originales... ¿Qué os parece?

Vale, mi propuesta les ha pillado por sorpresa. Sé que es un poco loca pero... ¿qué otra opción tenemos? Los cinco nos miramos y nos echamos a reír sin parar.

Decidido: bailaremos descalzos.

Salimos del camerino y nos vamos al auditorio, donde todos los grupos están esperando. Para variar, somos los últimos, y Juliette nos mira con cara de reprobación. Creo que le caemos un poco mal...

—*Now we all are here, let's begin the competition!* —dice Juliette con un micrófono que se acopla con cada una de sus palabras.

Se ha hecho el silencio y el ambiente se vuelve más tenso en el momento en que entran tres personas trajeadas y muy serias. Dos hombres y una mujer toman asiento en la mesa del jurado, y ninguno de ellos tiene intención de dedicarle una mínima sonrisa a los concursantes. ¡Qué buen rollito!

—Parece que estén estreñidos... —observa Manu en voz baja, y yo me tapo la boca para que no me vean reír.

—Hey, chicos, ¿habéis visto que nos toca los penúltimos? —comenta Eva señalando un papel que hay colgado en la pared donde figura el orden de las actuaciones.

Salir casi los últimos tiene su parte buena y su parte mala. La parte buena es que no nos toca romper el hielo y el jurado tendrá más presente nuestra actuación que la de los portugueses, por ejemplo, que son los primeros en subir al escenario. La parte mala es que los nervios se harán eternos y que si los grupos que bailan antes lo hacen muy bien, nos podemos venir un poco abajo. ¿No podrían dejar que nos marcháramos y volviésemos cuando nos toque bailar?

Ha pasado más de una hora y casi nos toca. Estoy más nerviosa que nunca, aunque no quiero que se me note. Con solo pensar que nos está viendo todo el mundo a través de Musical.ly, Twitter, Instagram y el streaming de YouTube, me tiembla todo.

—*Spain!* —anuncia Juliette por el micro.

Llegó la hora. Los cinco nos miramos, sonreímos y nos subimos al escenario con toda la energía del mundo. Los otros concursantes nos miran, pero como tenemos que bailar de cara al jurado, estos quedan a un lado y dejo de prestarles atención. Eso sí, puedo notar su sorpresa cuando los cinco nos agachamos, nos quitamos las zapatillas y nos quedamos descalzos encima del escenario.

—Venga, chicos, ¡vamos a darlo todo! —digo a mis amigos.

La música empieza a sonar y me sumerjo en ella desde el primer segundo. Estoy flipando con lo bien que se baila descalza, oye. ¡Si al final será la mejor de las ideas! Los cinco nos movemos supercoordinados y ejecutamos todos los movimientos sin problemas. Me lo estoy pasando genial y los nervios han desaparecido en cuanto ha empezado a sonar la canción. Los miembros del jurado nos miran sin apartar la vista, y soy consciente de que están pendientes de cada detalle, por mínimo que este sea. La cortina azul marino que hay tras ellos se mueve y en uno de los giros de la coreografía me fijo en que alguien ha sacado la cabeza y se asoma disimuladamente. Un momento, esos ojos... ¡Es Jack!

La música acaba y nosotros nos tiramos al suelo como fin de la actuación. Necesito levantar la vista y comprobar que Jack sigue ahí, y cuando mi mirada se va hacia las cortinas mis ojos se cruzan con los suyos. ¡Es él! Por suerte no puedo caerme al suelo porque sigo tumbada en él. Oigo los aplausos de fondo porque mi atención está centrada en esa cortina y en esos ojos.

—Laura —oigo a mi espalda.

Manu está detras de mí y me tiende la mano para que me levante. El resto de mis amigos ya se han puesto en pie y yo soy la única que sigue tirada en el suelo. Extiendo el brazo y dejo que Manu me ayude a incorporarme. Todo el mundo nos aplaude y veo en el rostro de los competidores que su emoción es sincera. Sin embargo, no puedo evitar volver la cabeza y buscar de nuevo a Jack. Nuestros ojos se vuelven a encontrar y veo que está sonriendo. Pero ese momento celestial dura un microsegundo porque, de repente, el hombre gruñón con el que lo vi antes lo agarra por el hombro y tira de él. Jack se da la vuelta, lo mira y devuelve fugazmente su mirada hacia donde estoy yo. Después se marcha y lo que acaba de ocurrir me parece que ha sido una alucinación.

—¡Qué subidón! —exclama María mientras bajamos del escenario.

—Me lo he pasado genial. ¿No os ha dado la sensación de que no había gente? —pregunta Eva con un tono emocionado.

—Eo, ¿estás aquí? —me dice Manu chasqueando los dedos ante mi cara—. ¿Te encuentras bien?

—Eh... sí —balbuceo—. ¡Ha sido una pasada!

Prefiero no decir nada sobre Jack.

Después del pollo que se ha montado antes, mejor me callo. Aún queda una actuación más por ver: la de las italianas. El grupo de siete chicas sube al escenario como si estuviesen en la mismísima competición de Miss Mundo. ¡Qué cansinas! Pero la verdad es que son muy buenas y todo el mundo, incluidos nosotros, estamos expectantes por verlas en directo.

—Podrían tropezarse con algún paso, ¿no? —susurra María a mi oído cuando empieza a sonar la música.

—¡Burra! —le espeto con media sonrisa.

Las italianas lo hacen increíblemente bien. Su coordinación es estupenda y sus movimientos, limpios y seguros. Creo que todos somos conscientes de que son las mejores, y sería muy extraño que el jurado no lo viese así. Cuando terminan de bailar todo el mundo aplaude y, por un momento, tengo la sensación de que el resto de los participantes se han hecho fans suyos y se han olvidado de que están compitiendo contra ellas.

—Buah, son **MUY** buenas... —afirma Eva con cierto desánimo.

—Hay que reconocerlo. Lo han hecho genial —convengo.

—Bueno, por lo menos nos hemos dado una vueltecita por Londres, ¿no? —comenta Manu, quien también da por perdida la competición.

—¡Un momento! —grita Andrés.

Nuestro amigo está con el móvil en la mano y se le ha dibujado una sonrisa enorme en la boca. ¿Qué le pasa?

—¡Vais a flipar! —exclama ella, y nos muestra la pantalla de su móvil. En ella se reproduce un vídeo de nuestra actuación.

MOMO 89

—¿Qué? —pregunta María.

—Sí, las italianas han bailado muy bien, pero lo que lo ha petado en las redes ha sido nuestro baile sin zapatos. ¿Sabéis que «#Barefoot», es decir, «Descalzos», se ha convertido en tendencia? ¡Mirad! —dice mostrándonos los comentarios del vídeo.

No me lo puedo creer. Que hayamos bailado descalzos ha impactado tanto a la gente que seguía la final por internet que nos han convertido en uno de los hashtags más activos del momento. ¡Estoy flipando! Puede que los astros se hayan alineado y el karma nos esté compensando por todas las complicaciones que se nos han ido presentando. Sé que las italianas lo han hecho muy bien, pero medio internet está hablando de nosotros... la gente está viralizando el vídeo de nuestra actuación. Cuando nos veo en la pantalla, me siento orgullosa de nuestro grupo. ¿Te imaginas si ganamos?

CAPÍTULO 12 ♥ Golpes del destino

Sábado, 12 de noviembre.
20.00 horas

—¿Cuánto rato más necesitan? —se queja Manu.

La espera para saber quiénes son los ganadores se nos hace eterna. Son las ocho de la tarde y aún no sabemos nada. Después de bailar nos dieron tiempo libre, pero nadie ha salido del hotel porque estamos todos igual de expectantes. Deberían haber dicho algo ya... **¡Esto es una tortura!**

—Chicos, voy al baño —anuncio mientras me levanto del sofá donde estamos los cinco aplatanados.

—Ten cuidado, no sea que Jack te secuestre —me advierte Manu con retintín.

Le saco la lengua y salgo de la sala.

Jack.

No he podido dejar de pensar en esos segundos en los que nuestras miradas se han cruzado. ¿Qué hacía escondido tras las cortinas? Nadie dijo que el grupo fuese a estar presente en la final... De hecho, yo creía que llegarían el domingo por la mañana o, como mucho, esta noche. Qué fuerte es todo... ¡estoy en un sueño!

Llego a los baños y veo que solo uno tiene la puerta cerrada. Entro en el cubículo de al lado y oigo que de uno de ellos salen unos sollozos. Me quedo completamente inmóvil y aguzo el oído para comprobar que, efectivamente, la otra persona que está conmigo en los lavabos está llorando. Ups, qué situación más... ¿rara? Siento como si estuviera invadiendo su intimidad, así que me doy prisa, tiro de la cadena, me lavo las manos y arranco un papel para secármelas de camino al auditorio.

—¡El móvil! —digo en voz alta cuando llevo medio pasillo recorrido.

Doy media vuelta y regreso a los baños para recuperar mi teléfono. Abro la puerta y la chica que estaba llorando en uno de los baños está lavándose la cara. Cuando oye el ruido de la puerta vuelve la cabeza de golpe y nuestros ojos se encuentran. Es Katia, la italiana que perdió la cartera. Las dos nos quedamos en silencio sin saber muy bien qué decir. Decido ser yo quien rompa el hielo.

—*Hey... I forgot my cellphone...* —le explico mientras señalo el cubículo donde antes estuve encerrada y como intentando justificar mi regreso a los baños.

Cuando salgo con mi teléfono en la mano vuelvo a mirarla y ella está cabizbaja, así que decido preguntarle directamente.

—*Are you OK?* —le digo acercándome.

Katia sigue sin levantar la vista. No sé si intenta ocultarse por pudor o porque le molesta que esté aquí. Puede que sea una mezcla de las dos cosas.

—*Yes, yes...* —contesta aún sin mirarme.

—*Sure?* —insisto.

Katia levanta la vista y me mira. Tiene los ojos superrojos. Menuda llorera se debe de haber pegado... pero ¿por qué? Las italianas han sido unas cracks sobre el escenario. No entiendo qué le puede estar pasando.

—*It's just that... that... well, it's OK.* —Se calla de repente y sale del baño como una bala.

Me acaba de dejar sola en los lavabos con cara de póquer. Estaba a punto de contarme lo que le ocurría, pero algo la ha frenado. En fin, ella sabrá. Yo no puedo hacer más.

BIP. BIP.

M Dónde estás? Van a decir los resultados, ven ya!

Ma Como no estés presente tus fans de las redes sociales se van a llevar una decepción...

Estoy segura de que encontrarás una manera de entretenerles L

Ma Me estás llamando payaso?

M Laura, deja el móvil y ven YAAA!

Vooooooy! L

La que sale pitando ahora del lavabo soy yo. Un poco más y me pierdo el anuncio de los ganadores. ¡Ay, qué nervios!

—¿Dónde estabas? —me susurra María cuando me pongo a su lado.

—Luego te cuento —le digo.

Juliette está en el escenario con los tres miembros del jurado que siguen sin esbozar una sola sonrisa. ¿Es postureo o realmente son así de serios en su vida? Otra vez me estoy mordiendo el labio. ¡No puedo más! Estoy tan nerviosa que tengo ganas de gritar. Estamos a punto de saber quién será el grupo afortunado que ganará el concurso de Musical.ly y saldrá en el videoclip de The Rocks. Jack... necesito verlo otra vez, por favor. Creo que me he enamorado más aún. **Es taaan guapo y canta taaan bien...**

—*Thank you very much for joining this competition.* —Juliette pronuncia unas palabras de agradecimiento a través del micro que, por fin, ha dejado de acoplarse.

—Te juro que si ganamos me subo al escenario y cojo a Juliette en brazos —asegura Manu en tono bajito.

—Eso quiero verlo —replico.

—*And the winner is...*

Juliette abre un sobre como si esto fuesen los Oscar. No sé por qué tarda tanto en decirlo, tampoco tiene que memorizar un poema. ¡Vamos, chica!

—*ITALY!!!* —exclama.

El público estalla en aplausos y las italianas empiezan a saltar como locas.

Yo noto como si hubiese tenido un globo en el estómago y de repente alguien lo hubiese pinchado y estuviese desinflándose por

momentos. Sé que lo teníamos difícil, pero después de ver la revolución en redes con lo de #Barefoot tenía una pequeña esperanza de que fuésemos nosotros los ganadores. Parece que al jurado le da igual lo que piensen en internet.

—Vaya petardas —oigo murmurar a María.

Las italianas están lanzando besos al aire como si fuesen la primera dama de Estados Unidos. Segundos después se atusan el pelo (parecen clonadas, oye) y suben al escenario sintiéndose unas diosas del Olimpo. Juliette les da la mano a todas y cada una de ellas, y los miembros del jurado sonríen por primera vez en todo el día. Reconozco que lo han hecho muy bien, pero su gesto de superioridad hace que pierdan todo el mérito.

—*Thank you to the members of this wonderful jury* —dice la italiana que fue tan borde conmigo ayer en el aeropuerto—. *We knew you would make the right decision.*

¡Toma ya! Esta chica no tiene ni abuela ni antepasados, ella solita se lo dice todo. ¡Argh, qué rabia me da que haya ganado alguien así! Por muy bien que baile, la humildad es lo primero. Busco a Katia con la mirada. Está cabizbaja, como si lo de haber ganado el concurso no fuese con ella. Pero ¿qué le pasa? Como si hubiese una conexión entre nosotras, Katia levanta la cabeza y clava sus ojos en mí. Aguanta unos segundos y luego desvía la mirada hacia la pared. **A esta chica le pasa algo serio**. Todo el mundo las aplaude y el resto de las italianas están pletóricas, disfrutando de su momento pero ella no sonríe ni un poquito. Pasados un par de minutos, las puertas del auditorio se abren y el resto de los concursantes comenzamos a salir.

—Hicimos lo que pudimos... —murmura Andrés a mi lado.

—Estaba cantado que iban a ganar las petardas estas —añade María—. ¡Qué injusto!

—A ver, hay que reconocer que las chicas lo hacían muy bien... —interviene Eva.

De repente parece como si las voces de mis amigos fuesen bajando de volumen y quedasen muy alejadas de mí. Una sensación de pesadez y tristeza me invade, y siento una especie de vacío en el estómago que no había experimentado antes. Porque esta es la primera vez que me siento así: hundida.

—Lo siento mucho, chicos —les digo a mis amigos.

—Sí, yo también siento que las engreídas esas hayan ganado.

—No, María, no me refiero a eso... Todo esto es culpa mía.

—¿Culpa tuya? —pregunta Manu.

—Sí. Todo este esfuerzo, todo el tiempo invertido, las horas de ensayo, el estrés que hemos pasado desde que pusimos un pie en Londres... No debería haberos obligado a hacer esto.

—¿Pero qué dices, Laura? —exclama María—. Tú no nos has obligado a nada...

—Sí, sí que lo he hecho. Me emocioné al ver lo del concurso y di por hecho que teníais que hacer esto conmigo.

—Laura, lo hicimos porque quisimos —añade Andrés.

—Ya, **¿y para qué ha servido?** Toda la ilusión, todo el empeño... ¿para qué? Para nada. —Me tiembla la voz—. Os he fallado... A vosotros, a mí misma... incluso a mi abuela, que me dio el colgante de la familia con todo su amor y yo... lo he perdido.

De golpe siento que las piernas me flaquean y necesito sentarme. Lo hago en el suelo y apoyo la espalda contra la pared. Noto que todos mis amigos me miran pero yo soy incapaz de levantar la mirada del suelo. Me siento tan frustrada que no tengo ganas de nada.

—Laura, creo que estás exagerando... —interviene Eva, quien se agacha para sentarse a mi lado.

—Claro que da rabia no haber ganado porque en realidad a todos nos hacía ilusión salir en el videoclip de The Rocks... incluso a Manu, ¿verdad que sí? —dice María.

—Reconozco que ya me había hecho mi fantasía mental como estrella del rock —responde él con cierta melancolía en la voz.

—¿Lo veis? No he hecho más que fallaros. Si al final vas a tener razón, Manu, tanto follower y tan influencer que soy, y a veces soy patética.

Mis amigos se quedan callados y yo noto que mi cabeza está a punto de estallar, como si fuese una olla a presión. Estoy triste, decepcionada y lo único que me apetece es llorar. Por eso, cuando una lágrima me resbala por la cara y noto su sabor en los labios sé que tengo que irme. Necesito escapar de ahí.

Me levanto sin decir nada y salgo disparada hacia el hall, dejando a mis amigos abandonados tras de mí. Necesito estar sola. Cuando llego delante de los ascensores me encuentro a un montón de gente esperando así que me voy directa a las escaleras. Siento como si me hirviera la sangre y la única manera de calmar esa sensación fuese huir de ese sitio. Subo los escalones de dos en dos hasta llegar a mi piso, saco la tarjeta para abrir la puerta y entro en el cuarto como endemoniada. Nunca me había sentido así antes y eso me inquieta aún más. No entiendo muy bien de dónde salen estas sensaciones pero solo sé que quiero estar sola sin hablar con nadie. Me tiro en la cama y ahí, en la soledad de mi habitación, doy rienda suelta a mis emociones. **Ya no puedo más**. Necesito sacar lo que llevo dentro, estoy cansada de ser siempre la fuerte, la que anima a los demás, la que sonríe a pesar de las dificultades... ¡Yo también soy humana! Ojalá estuviesen aquí mamá y papá. ¡Cómo necesito un abrazo suyo! Y así, hecha un ovillo en la cama y llorando sin parar, me quedo completamente dormida.

CAPÍTULO 13 ♥ Inesperada sorpresa

Domingo, 13 de noviembre
7.45 horas

«Lauraaa, Lauraaa.»

Unos gritos se cuelan en mi mente, aunque los oigo en la lejanía. ¿Quién me está llamando? Agarro el edredón y escondo la cabeza debajo. Me duele todo el cuerpo como si hubiese participado en un triatlón, y lo único que quiero es seguir durmiendo bajo este edredón tan calentito. Estiro el brazo hasta la mesilla de noche y cojo mi móvil. Genial, me he quedado sin batería. ¿Qué hora es?

«Lauraaa» vuelvo a escuchar.

Saco la cabeza de debajo del edredón y miro a mi alrededor analizando el terreno. Un nuevo grito me indica que esas voces provienen de la puerta de mi habitación, momento en el que caigo en que es María quien repite mi nombre una y otra vez.

—Ya voy... —digo con desgana en un intento de alzar la voz que se queda a medio camino. Es posible que no me haya oído.

Salgo de la cama y me percato de que aún voy vestida. Ah, claro. Ahora lo recuerdo. Anoche estaba tan destrozada por la derrota en el concurso que me tumbé en la cama sin cambiarme. Debí de quedarme dormida mientras lloraba. Eso sí que lo recuerdo. La angustia en mi pecho y las lágrimas resbalando por mis mejillas. Ahora entiendo por qué me siento tan cansada y me cuesta tanto abrir los ojos. ¿Debo tenerlos hinchados? ¡Lo que faltaba! Me miro en el espejo que hay sobre el escritorio y todo lo que veo es mi pelo enmarañado y restos de rímel por la mejilla. Pero teniendo en cuenta la fuerza con la que están aporreando mi puerta, será mejor que me ocupe de mi aspecto más tarde.

—¿Se puede saber a qué viene este...?

No me dejan acabar la frase. **María se arroja sobre mí** y solo oigo risillas a mis espaldas. Pero ¿a estos qué les pasa?

—Uy, vaya pinta tienes —observa Manu con voz preocupada.

—Eh... —balbuceo mientras me aplasto un poco el pelo— ni que tú fueras Zac Efron recién levantado. ¿Me habéis sacado de la cama para reíros de mí?

—¡Nooo! —contesta María en pleno ataque de emoción—. ¡Ay, tía, no te lo vas a creer!

—¿Me puede decir alguien qué es lo que está pasando?

—Bueno... pues que yo que tú iría pasando por la ducha si no quieres que tu querido Jack salga corriendo cuando te vea en el rodaje —responde Manu.

No entiendo nada. Mis cuatro amigos se miran entre ellos de forma cómplice, como si supiesen algo que yo no sé (que, de hecho, creo que es lo que está pasando) y encima estuviesen disfrutando jugando conmigo al despiste.

—Vamos, en serio —digo con cierto tono de mosqueo—. ¿De qué va esto?

—La organización del concurso ha descalificado a las italianas por no respetar las normas del concurso —dice Eva.

—¿En serio? —pregunto con los ojos como platos.

—¡Sí! ¡Y te habrías enterado si hubieses mirado el móvil!

—Ah, sí... me he quedado sin batería.

—Ya, bueno, el caso es que ganan los segundos clasificados del concurso que... Tachááán, ¡somos NOSOTROS!

¿Cómo? No sé si mi cerebro ha entendido lo que Manu acaba de decir. ¿Nosotros, es decir, **NO-SO-TROS**, vamos a salir en el videoclip de The Rocks?

—¿Laura? Ay, que le ha dado algo —se lamenta María mientras se acerca a abanicarme con el cartelito de no molestar de la habitación.

—O sea, a ver... —tartamudeo—. ¿Nosotros vamos a bailar con The Rocks?

—*Yes, baby* —responde Manu.

María se me echa encima y a ella le sigue el resto del grupo. Caemos todos sobre mi cama y, de la emoción, ni siquiera noto que me están aplastando viva. Menos mal que se apartan enseguida y puedo volver a respirar con normalidad.

—Eso sí, tenemos una hora para estar listos en recepción. ¡Así que a darse caña! —comenta María.

—¿Una hora?

—El precio de la fama, querida... De todas formas, no te esmeres mucho. No creo que Jack se dé cuenta ni de nuestra presencia —me advierte Manu en tono burlón.

—No te respondo porque no tengo tiempo. ¡Chao, *pescao*! —le digo echándole a empujones de mi cuarto.

Cierro la puerta y la calma vuelve a mi cuarto. Me siento en la cama y empiezo a procesar la noticia que me acaban de dar. ¡Vamos a salir en el vídeo de The Rocks! Me miro las manos y veo que estoy temblando. Me pongo de pie y en la soledad de mi habitación empiezo a dar botes girando sobre mí misma y lanzando grititos de victoria. ¡No me lo puedo creer! No sé muy bien qué habrá pasado con las italianas pero el karma, la justicia cósmica o quienquiera que esté moviendo los hilos ahí arriba acaba de hacer realidad algo que parecía imposible.

—¡Dios! —digo al darme cuenta de la hora que es.

Tengo cuarenta y cinco minutos para meterme en la ducha, arreglar este desastre de pelo que llevo y salir a darlo todo ante mi grupo favorito. Bueno, ¡y ante Jack! Como siga pensando en ello, me desmayo. Fijo.

—Pero bueno, nadie diría que hace una hora eras Godzilla.

—Manu, ¿por qué no te metes a monologuista y le das la chapa a otros? —le suelto.

Son las nueve menos cuarto de la mañana y aquí estamos, los cinco en el hall del hotel esperando a que la «maja» de Juliette venga a buscarnos. Ha sido todo tan rápido que casi no he tenido tiempo ni de ponerme nerviosa. ¿Cómo estará el resto?

—¿Cómo van los nervios? —pregunto echando una mirada general al grupo.

—Ahora que lo dices... —contesta Eva en voz baja.

—Pues yo necesito un café. ¿Alguien quiere que le traiga uno?

Nadie más se apunta al chute de cafeína, así que me dirijo al bufet del desayuno para prepararme un café con leche y llevármelo al hall. Por suerte no hay mucha gente en el comedor y puedo cogerlo rápido. El vaso de cartón me está achicharrando la mano y lo sujeto con dos dedos, vigilando que no se me resbale. Cuando ya estoy a mitad de camino, alguien choca conmigo:

—¡Aaargh! —grito mientras la mitad de mi café se derrama y me empapa los dedos.

—*Oh, my God, I'm so sorry...*

—¿Katia?

—*I'm really, really sorry... I...*

La chica no puede terminar de disculparse porque rompe en un llanto tan intenso que le corta la voz.

—*Hey, hey...* —digo mientras la agarro por la cintura y la conduzco a una mesa para que se siente—. *Don't worry. It's just a little bit of coffee...*

—*No, no... Is more than that. I am so sorry for everything we did to you and your friends...*

Un ataque de hipo le impide terminar la frase y de repente me quedo superdescolocada. ¿A qué se refiere con que siente todo lo que me ha hecho a mí y a mis amigos? Yo sigo frotándole la espalda con la palma de la mano para que se tranquilice mientras ella saca un pañuelo del bolsillo para sonarse la nariz.

—I never wanted to do that, lo giuro... I knew it was wrong and I feel horrible for that. Stealing your luggage was the worst thing I've ever done in my life...

¿¿¿Qué??? Katia sigue hablando, más bien suplicando que la perdone y por fin comprendo que no se refiere al café que me acaba de tirar por encima, sino a algo mucho más grave.

—Espera —le digo mientras proceso la información que me acaba de dar—. ¿Has dicho «robar»? ¿Estás de broma? *Did you really steal our things?*

La italiana levanta la mirada entre sollozos y sus ojos reflejan incertidumbre. Parece que la que está perdida ahora es ella.

—Didn't you know it? Ho pensato... I thought you knew...

Ahora soy yo la que se sienta a la mesa y me tomo unos segundos para asimilar lo que Katia me acaba de decir. Ella y sus compañeras están tras la misteriosa desaparición de nuestras maletas y... claro: ¡Las han descalificado por eso! Noto cómo me sube la temperatura de la rabia que estoy empezando a sentir. ¿Cómo pueden haber sido tan...?

—Laura, I just...

—*Don't touch me!* —le grito mientras me levanto. Tengo que ir a contárselo todo a mis amigos.

Pero Katia da un bote en su silla, se queda muda unos segundos y acto seguido se pone a llorar de nuevo. Aquí hay algo que no me cuadra y tengo que averiguar qué es.

—Katia, are you OK?

—*No, of course I'm not...* —responde a la vez que se seca las lágrimas de los ojos—. *Prego, let me explain...*

La mirada de Katia es sincera, igual que sus lágrimas. Asiento con la cabeza dándole a entender que sí, que le doy la oportunidad de que se explique. Mi cabeza está hecha un lío y necesito saber la verdad, y parece que Katia está a punto de revelármela...

—¡Laaau! —grita María en el momento en que me ve aparecer en el hall—. ¡Las maletas, han aparecido las maletas!

—¿Qué pasa, no te alegras? —me pregunta Manu.

—Sí, sí... veréis, chicos, tengo algo que contaros.

—A juzgar por tu cara, las probabilidades de que sea una mala noticia son muy altas —añade Andrés.

—Más o menos. Veréis... acabo de encontrarme con Katia, una de las chicas italianas...

—Buah, las petardas esas...

—Espera, María. Katia no es como ellas. De hecho, gracias a ella hemos recuperado las maletas...

—¿Cómo? —pregunta Eva con cara de intriga.

—Veréis... fueron ellas las que cogieron nuestro equipaje.

—¿¿Qué?? —exclama Manu.

—Y no solo eso, sino que ellas también se llevaron nuestras botas de los camerinos...

—¿Cómo? Pero ¿por qué? —pregunta de nuevo Eva.

—Pues es evidente... —interviene Andrés—. Por miedo.

—¿Miedo? —repiten al unísono María, Eva y Manu.

—¡Exacto! —suelto—. Katia me ha contado que llevan obsesionadas con nosotros desde que vieron nuestro vídeo en redes y que lo único en lo que pensaban era en quitarse de encima a la competencia más gorda... es decir, **nosotros**.

—¡Estoy flipando! —exclama Manu.

—¿Y encima tiene el morro de contártelo, como si nada? —dice María indignada.

—Bueno, no es tan sencillo... Katia nunca estuvo de acuerdo con los métodos de sus compañeras, pero ellas la obligaron a hacerlo.

—Sí, ahora dice eso, pero es igual de culpable que el resto de esas petardas.

—En eso tienes razón, María, pero si no fuese por ella, nosotros seguiríamos sin maletas y las italianas serían las que hoy rodarían el vídeo de The Rocks.

—¿A qué te refieres? —inquiere Manu.

—Pues que Katia no aguantó más esta mentira y anoche fue a hablar con la organización para contar la verdad. Esa es la razón por la que las descalificaron y nos llamaron a nosotros.

—Su lavado de conciencia no justifica lo que nos hizo.

—Lo sé, y a mí también me indigna pensar en todo lo que hemos pasado por culpa de la envidia de esas chicas... Todos hemos perdido tiempo, dinero...

Nos quedamos en silencio. Eva pone su mano sobre la mía para darme ánimos. Sabe que estoy pensando en el colgante de

mi abuela, un objeto que ya no volveré a ver y que, de no haber sido por las italianas, aún seguiría llevando conmigo.

—Chicos, sé que lo que han hecho es horrible y que merecen lo que tienen, pero me siento muy mal por Katia... —confieso buscando su comprensión con la mirada.

—¿Mal?

—Manu, ella no quería hacerlo. De hecho, la amenazaron con echarla del grupo si decía algo. ¡Sus propias amigas le hicieron chantaje!

—Con amigas así, yo prefiero estar solo... —sentencia Andrés.

—Katia ha tenido el valor de contar la verdad —continúo defendiéndola—, de enfrentarse a sus compañeras, de perder la oportunidad de bailar con The Rocks...

—Y gracias a ella vamos a ser nosotros quienes lo hagamos —me corta Eva.

—Exacto —convengo—. Sus lágrimas eran sinceras, se siente tan mal por lo que ha pasado... Esto tampoco es justo para ella.

—¿Y qué podemos hacer nosotros? —pregunta Andrés.

La puerta del ascensor se abre en ese preciso instante y aparece Katia con unas bolsas en la mano. Levanta los brazos para mostrárnoslas a la vez que sonríe. ¡Son las botas que compramos en Carnaby! Una idea un poco loca cruza mi mente y no puedo evitar mirar a mis amigos y sonreír a la vez.

—Chicos, se me ha ocurrido algo...

CAPÍTULO 14 ♥ Silencio… ¡se rueda!

Domingo, 13 de noviembre.
9.00 horas

—*Are you ready, guys?*

Por increíble que parezca, Juliette está de buen humor. Acaba de entrar en el hall y nos sonríe como si llevara tensores en las comisuras de los labios. ¿Estará siendo falsa?

—**¡Estamos superready!** —responde María con su energía habitual.

—*«Superready»? Is that spanglish? Whatever*, ¡vamos, chicos! —dice Juliette con su extraña pronunciación.

—*Wait a second!* —grito mientras levanto la mano.

Juliette se detiene y frunce el ceño mientras me repasa de arriba abajo. Está acostumbrada a ser ella la que marca los tiempos y se ha quedado un poco a cuadros con mi intervención.

—*There's been a change* —añado.

—*A change? What change?* —pregunta ella mirándome con cierta irritabilidad.

Me acerco a ella para explicarle el cambio que hemos querido hacer y con el que estamos todos de acuerdo. Juliette me escucha y, por su cara, creo que me está entendiendo al cien por cien. Asiente mientras le hablo y, cuando termino, carraspea la garganta. Creo que va a decir que sí.

—*OK* —asiente con voz seca y saca una libreta de su bolso—. *Where is she?*

Señalo con la cabeza hacia los sofás que están a unos metros de nuestra posición. Allí permanece sentada Katia, donde, después de devolvernos las botas y de pedirnos perdón tres millones de veces (lágrimas y mocos incluidos), se ha quedado tomando un té, tal vez intentando no encontrarse con sus compañeras de grupo.

—¡Katia Maldini! —grita Juliette sin moverse del sitio.

La italiana vuelve la cabeza al oír su nombre y, al ver que es Juliette quien la llama, su cara es de absoluta sorpresa. Como no reacciona, Juliette vuelve a repetir su nombre y es en ese momento cuando la chica se pone en pie y comienza a caminar hacia nosotros. Está claro que no entiende nada.

—*OK, andiamo* todos*!* —exclama Juliette mezclando italiano, inglés y español en una sola frase.

—*What?* —pregunta Katia.

Los chicos y yo nos acercamos a ella y la rodeamos. Noto que le tiembla la mano a pesar de estar sujetando con fuerza la taza de té que bebía. Está muy nerviosa.

—***Katia, we want you to dance with us*** —le anuncio de sopetón.

CLASH. Katia suelta la taza y esta cae al suelo haciendo un ruido bastante molesto al romperse en mil pedazos. Todo el mundo se vuelve para ver lo que ha pasado pero la italiana ni se percata, porque me mira fijamente a mí.

—*Oh, no!* Qué *disaster, wait* un momento —nos pide Juliette y sale disparada a recepción.

Cuando le explico a Katia que queremos que baile con nosotros en señal de agradecimiento por decirnos la verdad, noto cómo sus ojos se clavan en los míos. Creo que me ha entendido, pero como no se mueve ni dice nada, empiezo a tener mis dudas.

—Sí, tú *bailare* con *nosotri* —se mete María con un italiano recién inventado.

—*Yes, you deserve it* —le dice Eva tocándole el hombro.

Katia sigue sin responder, pero la sonrisa que se le dibuja en la cara nos da a entender que ha comprendido lo que le estamos diciendo. Había pensado que la idea podría generar discrepancias en el grupo, pero todos hemos estado de acuerdo en aceptar a Katia en nuestro grupo de baile. Sí, se portó mal pero lo hizo coaccionada por las que se supone son sus amigas.

Gracias a su valentía y su sinceridad, ahora nosotros vamos a tener la oportunidad de nuestra vida. Y después de cómo se había portado, Katia también se lo merecía.

—*Grazie, grazie...* —nos dice mientras se abraza a mí—. *You guys are awesome.*

—Y ya verás las caras que se les queda a las brujas de tus amigas cuando lo sepan.

—¡María! —la regaña Eva dándole un codazo.

—Oye, es verdad. No es culpa mía, son cosas del karma... *Il karma, amiciii.*

El ataque de risa que nos da es interrumpido por la voz de Juliette, que ya ha avisado en recepción de la taza rota en el suelo.

—*So... Come on, please!* —nos pide mientras empieza a caminar con pasos rápidos hacia el exterior—. *The van is waiting.*

En la calle, una furgoneta negra con cristales tintados nos espera para llevarnos a la localización del rodaje. ¡Como si fuésemos estrellas del rock! Me siento en la parte trasera, me abrocho el cinturón y miro a María, que se ha puesto a mi lado y me está agarrando la mano. Es justo en este momento cuando empiezo a darme cuenta de lo que está a punto de pasar. En unos minutos estaremos en el plató junto a mi grupo favorito... y junto a Jack. ¿Tengo tiempo de desmayarme durante el trayecto?

Nos trasladan a las afueras de la ciudad. La furgoneta se detiene en un parking donde hay un montón de camiones aparcados. Cables por el suelo, generadores gigantes, carros metálicos para transportar enormes cajas negras... ¡esto va en serio! Cuando estamos todos fuera del vehículo, Juliette nos conduce al interior de una de las naves industriales que hay en la zona y, aunque no se aprecia glamour por ningún lado, tengo el corazón que me va a mil.

—¿Preparada para ver a tu amorcito? —me susurra Manu al oído.

—Si me pinchan ahora no me sale sangre... —confieso.

La sorpresa al entrar en la nave es brutal. Vista por fuera, nadie diría que han montado un plató tan flipante como este. **¡Es una pasada!** La sala está preparada como si fuese a iniciarse un ritual de santería. Hay candelabros, flores de colores, calaveras colocadas encima de unos muebles vintage de madera... ¡esto es increíble!

—*OK, guys, the changing rooms are overthere* —nos indica Juliette señalando unas puertas al fondo de la sala.

Tenemos cuarenta minutos para cambiarnos y enseñarle a Katia la coreografía. Por suerte, la italiana nos confiesa que su equipo vio nuestro vídeo tantas veces que se lo sabe de memoria, así que con un ensayo rápido, la domina a la perfección. Respecto al vestuario, hemos decidido hacer un mix de ropa: tres de nosotros llevarán el vestuario que decidimos en España y los otros tres, lo que nos compramos en Camden. De esta manera Katia también va conjuntada con nosotros ya que Eva, que tiene su misma talla, le ha dejado el traje que le sobra.

—¿Dónde nos llevan ahora? —pregunta Andrés cuando una chica con el pelo rapado al dos y teñido de color lila viene a buscarnos al vestuario.

Entramos en una habitación llena de tocadores con decenas de bombillas bordeando los espejos. ¡Es una sala de maquillaje como las de las pelis! Uno a uno nos sientan y seis maquilladores se ponen a echarnos potingues por toda la cara. ¡Nunca en mi vida me he maquillado tanto!

—Tengo polvos hasta en la lengua —se queja Manu mientras vamos de camino hacia el set de rodaje guiados por una chica con unos auriculares y un walkie-talkie que, milagrosamente, habla español. Se llama Lourdes y su madre es de Gijón.

—Chicos, estas son vuestras posiciones. Tú, el alto —dice señalando a Manu con su walkie-talkie mientras observa el escenario—, ponte detrás para no tapar a... ¿cómo te llamas?

—Andrés... me llamo Andrés.

—¡Con una vez ya te ha entendido! —le grita Manu desde la parte final del decorado.

—Vale, veamos... tú, ¿Laura, verdad? Tú estarás en la parte central, como si dirigieras al resto. Acuérdate de que en la parte instrumental después del segundo estribillo debes colocarte en este punto. —E indica con el dedo una cruz roja dibujada en el suelo—. Así evitaremos que el chorro de agua te caiga encima.

—**¿El chorro de agua?** —repetimos María, Eva y yo al unísono.

—¡Ja, ja, ja! ¿No lo sabíais? Bueno, tranquilos... ¡solo es agua!

El walkie-talkie de Lourdes emite un sonido y ella se concentra en lo que le dicen a través del aparato. Se marcha sin decir nada y a los dos minutos regresa.

—Pues empezamos en cinco minutos, ¿alguna duda? —nos pregunta.

—No —respondemos todos a la vez.

—*OK, everybody ready. Let's do this* —anuncia Lourdes a través de su aparato.

Nosotros nos miramos pero no nos decimos nada, cada uno está concentrado en lo suyo. El silencio se rompe por culpa de un rumor de voces que proviene de uno de los laterales del set. Intuyo que un grupo de gente se acerca, y mis piernas flaquean cuando el tumulto se pone ante nosotros y los veo: ¡son The Rocks!

—Laura, que me desmayo... —oigo que me dice María a mi espalda intentando no alzar la voz.

—Pues yo voy detrás —le susurro volviendo un poco la cabeza.

Lourdes y otro hombre dan indicaciones sobre la escena, pero nadie nos presta atención a nosotros. Además del grupo, hay un montón de gente que imagino serán de su equipo, ya que están todos superatentos a lo que les dicen. Un momento... ¿dónde está Jack? No consigo verlo entre toda esa gente y me extraña. Con lo alto que es, debería destacar. De repente, todos se vuelven hacia nosotros y nos repasan con la mirada. Vale, que alguien traiga un desfibrilador YA. Lo voy a necesitar.

—*Hi, guys! Nice to meet you* —nos saluda Robbie, el guitarrista y voz secundaria del grupo.

Nosotros le devolvemos el saludo con una sonrisa congelada en la cara. ¡Malditos nervios! El resto del grupo nos echa un vistazo y Zack, el batería, nos levanta el pulgar y nos saca la lengua.

—*OK, we can start* —dispone uno de ellos.

Un momento. **Esa voz me resulta familiar**... No puedo ver la cara de quien ha hablado porque acaba de unirse al grupo junto con otra persona más, pero juraría que... ¡Ay, por Dios! ¡Es el hombre malhumorado que buscaba a Jack ayer en el pasillo y que casi me hace una llave de kárate pensando que estaba atacándolo! Si él está aquí, eso quiere decir que...

—*Hey, guys, nice to meet you and thank you very much for joining us today.*

Él.

Mi mente no se ha equivocado cuando ha pensado que si el hombre borde estaba ahí, Jack también. Y acaba de acercarse a nosotros para darnos las gracias por participar en el vídeo. Si antes he tenido sensación de mareo al darme cuenta de lo que estaba pasando, ahora el mundo se detiene en el momento en que pone sus ojos sobre mí.

—*Hey!* —exclama clavando su mirada en la mía y regalándome una sonrisa de anuncio.

No me da tiempo a responder porque el señor Amargamomentoscruciales lo agarra del brazo y se lo lleva a su posición. Jack se vuelve y me mira furtivamente, pero enseguida presta atención a lo que Lourdes y otro hombre le explican. ¡¿Me ha reconocido?!

—Vale, chicos, empezamos ya —nos indica Lourdes—. Haremos unos primeros pases con la canción para que el grupo se aclimate. Bueno, y vosotros. Os avisamos cuando rodemos, ¿ok?

Asentimos y Lourdes se marcha. Vuelvo la cabeza y miro a mis amigos. Todos sonreímos y aunque estamos muertos de nervios, estamos listos para empezar. ¡Arranca nuestro sueño!

—*No, no, no...* **STOP!!!!!!**

Paramos otra vez. Los gritos del hombre borde, que ha resultado ser el mánager de The Rocks, vuelven a interrumpir la grabación. Así llevamos cerca de dos horas. Nada le gusta, nada le convence y todo le molesta. La verdad, no imaginé que el rodaje del videoclip de mi grupo favorito sería así de... raro.

—Chicos, nos tomamos un descanso —nos informa Lourdes aproximándose a nosotros—. Vamos a replantear el plan de rodaje con míster Nomegustanadadeesto.

Luego nos da unos botellines de agua y se va resoplando. ¡Menuda paciencia!

—Vaya rollo, ¿no? —comenta Manu.

—Esto no es como yo pensaba... —admite Andrés.

—Y no nos dejan ni acercarnos a ellos —se queja María.

—¿Tú qué dices, Laura?

Miro a Manu y no sé qué responderle. Lo cierto es que estoy igual de cansada y decepcionada que ellos. Nada está siendo como imaginábamos.

—Bueno, la culpa es del mánager... ¿Hay algo en este mundo que le guste?

—A juzgar por su barriga, seguro que sonríe si le pones una hamburguesa delante —me responde Andrés, y todos nos ponemos a reír.

—*Burger?* —pregunta Katia, que parece que no ha pillado la broma pero sí se ha quedado con lo de la hamburguesa.

—*Yes, I'm also hungry* —le dice María tocándose la barriga para hacerse entender.

En un rincón de la sala han puesto una mesa con comida para el equipo, pero justo cuando nos acercamos para picar algo Lourdes nos hace una señal con el brazo para indicarnos que retomamos la grabación. The Rocks regresan a sus posiciones y un grupo de maquilladores sale de la nada para retocarles los brillos. De nosotros pasan.

Tras una cuenta atrás, la música vuelve a sonar. Veo que han cambiado las posiciones del bajista y el guitarra, y que a Jack le han desabrochado la camisa hasta la mitad del pecho. Como estoy delante de todo no puedo ver a mis amigos, pero si no han dicho nada es que el baile debe de estar quedando bien.

Al mánager le debe de estar gustando lo que ve porque por fin hemos conseguido pasar del primer estribillo.

Comenzamos el segundo estribillo y Robbie se desplaza hacia la izquierda para hacer su solo de guitarra cuando un chorro de agua me cae en toda la cabeza.

—*Stop!* —grita alguien.

—Lauraaa... —oigo decir a Lourdes.

Alguien me tiende una toalla y me seco los ojos. **¡Menudo chaparrón me ha caído encima!**

—En la parte instrumental tenías que moverte hacia la señal, ¿recuerdas? —me comenta Lourdes.

—Sí, sí, fallo mío. Se me ha olvidado con tanto parón...

—*You OK?*

La voz de Jack se dirige a mí mientras tengo la cara hundida en la toalla. La aparto y veo que la he dejado totalmente pringada de rímel y eyeliner. No quiero ni imaginar cómo llevo el careto.

—*Yes, yes, she's OK. We only need a minute* —contesta Lourdes por mí y se lo lleva hacia su posición.

La maquilladora del pelo lila se acerca y me retoca la cara a toda prisa. Un chico con un secador de pelo se pone a mi lado y empieza a peinarme. Un par de auxiliares se ponen a fregar el suelo para dejarlo seco. ¡Menudo desastre! Y todo por no acordarme de moverme hacia la señal. ¡Qué vergüenza!

Ocho minutos después retomamos la grabación y yo hago mi movimiento de forma correcta, así que el chorro de agua no impacta directamente en mi cabeza como si me hubiesen tirado un cubo encima. ¡Menos mal!

MOMO

—*No, no, no!!* —interrumpe de nuevo el mánager.

La grabación vuelve a detenerse. Algo no ve bien, para variar, pero creo que ni siquiera él sabe lo que es. ¡Qué tío más pesado!

—¿Alguien puede ponerle laxante en el café a este tipo? —sugiere Manu.

—Ja, ja, ja, si me lo consigues me ofrezco voluntaria —se brinda María.

Yo desconecto de la conversación y pongo la oreja en lo que están hablando a unos metros de nosotros. Por lo que pillo, al mánager no le acaba de cuadrar algo de la escenografía pero, como me imaginaba, no sabe el qué. Discuten las posiciones, repasan el decorado y, finalmente, deciden volver a grabar sin haber encontrado ese «fallo» que parece que solo existe en la cabeza del mánager.

Nos colocamos todos en nuestras posiciones, pero antes de que vuelvan a poner la música siento un impulso irrefrenable que me hace alzar la voz.

—*One second!* —grito.

Todas las miradas se posan sobre mí. «Vamos, Laura, no te acobardes. ¡Dilo!»

—*I have an idea... What about dancing without shoes?* —digo.

Los miembros del equipo de rodaje se miran entre sí y empiezan los rumores de voces. No sé si acabo de meter la pata hasta el fondo, pero necesitaba decirlo, aunque suene a locura. Si nosotros lo petamos en redes bailando sin zapatos, ¿por qué no repetirlo en la grabación?

—*Without shoes?* —El mánager se da la vuelta con su mirada clavada en mí.

MOMO

Y asiento con la cabeza porque no me siento capaz de hacer nada más. Todo el mundo nos mira, primero a él y luego a mí, esperando a que estalle en cólera y me trate como a una loca por la idea que he tenido. «Vale, Laura, hazte a la idea de que hasta aquí llega tu aventura con The Rocks.»

—*I love it!*

No, no es la voz del mánager: es Jack, que se ha vuelto para mirarme y sonreírme. De hecho, no solo le ha gustado la idea, sino que veo que empieza a desabrocharse las botas para quitarse los calcetines y **quedarse descalzo también**.

—*Come on, guys!*—anima al resto de la banda.

De repente The Rocks se quedan descalzos y nosotros hacemos lo propio. El mánager observa la escena con detenimiento y acaba asintiendo con la cabeza en señal de aprobación. ¡Esto es un milagro! Cuando veo a Jack volverse hacia mí no tengo duda de que estoy en el cielo. Me guiña el ojo y leo un «*Thank you*» en sus labios que me pone la piel de gallina. Luego se da la vuelta, se coloca en su posición y oigo al director gritar «*Let's take it from the top!*». «Vamos, Laura, demuestra cómo sabes bailar.»

CAPÍTULO 15 La última mirada

Domingo, 13 de noviembre
17.00 horas

—*That's it!*

Con esta frase, el director da por finalizado el rodaje del videoclip. Son las cinco de la tarde y no hemos parado quietos ni un solo momento. Necesito sentarme YA, me da igual si es en una silla, en el suelo o en un campo lleno de cactus. ¡No puedo con mis pies!

—Tengo ampollas hasta en las rodillas —se queja María.

—Pues ya somos dos... Cuando ha dicho que hemos acabado casi me pongo a llorar de la emoción —confiesa Andrés.

—¡Hey, chicos!

Lourdes se acerca hacia nosotros con una sonrisa en el rostro pero con una evidente cara de cansada. Lleva el pelo recogido en un moño con mechones sueltos y cuando la tengo al lado me doy cuenta de que en vez de una goma elástica ha usado un bolígrafo para sujetarlo.

—Quería daros las gracias por el trabajo que habéis hecho. Sé que han sido muchas horas y que cansa, y que no sois profesionales de esto... Pero lo habéis hecho fenomenal.

—*Lo hemos pasado genial, Lourdes* —declaro—. Ha sido toda una experiencia, ¿verdad, chicos?

—Sí, lo de estar en un plató impresiona, y encima al lado de The Rocks... ¡Aún no me lo creo! —comenta María.

—Sí, la verdad es que los chicos son supermajos y ponen cero problemas. Lástima del mánager que tienen...

Lourdes termina la frase con un resoplido que le mueve los mechones delanteros. Veo que no soy la única que se ha dado cuenta de que ese hombre es un poco pesadito, por decirlo suavemente.

—¿Los mánagers siempre son así? —le pregunto.

—Hay de todo... Los hay que son encantadores y que no ponen pegas. Se sientan y te dejan trabajar con tranquilidad. Y luego están los que son... los que son como este, ya lo habéis visto.

—Pues te felicito. ¡Santa paciencia la tuya! —exclama Manu.

—Es mi trabajo, ¿qué le voy a hacer? Menos mal que los artistas esta vez no eran unos divos...

—¿Divos? —repite Eva.

—¡Uf, si yo os contara...! Podría escribir un libro con anécdotas de famosos caprichosos y maleducados. Me han pedido de todo... desde agua de las islas Fidgi hasta langosta recién pescada.

—¡Ja, ja, ja! A la gente se le va la olla, ¿no?

—Ay, Laura, no sabes cuánto. Por eso digo que trabajar con The Rocks ha sido un lujo. Ya habéis visto qué rápido han aceptado lo de quitarse los zapatos. Por cierto, enhorabuena por la idea, ¡ha sido brutal! ¿Cómo se te ha ocurrido?

—Mejor no preguntes... —interviene Manu antes de lanzar una carcajada a la que acabamos uniéndonos todos.

—Oye, *¿un selfi para Insta, no?*

La propuesta de María nos encanta. Nos dirigimos al decorado donde hemos estado bailando para que la foto quede mucho más auténtica. Como somos siete, tengo que estirar muchísimo el brazo para que salgamos todos, pero al final lo consigo. Nos colocamos bien juntos, con Lourdes en medio del grupo, y nos hacemos una foto de lo más divertida, poniendo caretos y sacando la lengua. ¡Qué maja es esta chica!

—¿Puedo subirla? —pregunta María.

—Déjame que lo pregunte, no sea que metamos la pata por filtrar parte del decorado.

Lourdes se marcha y nosotros nos sentamos en el suelo. El dolor de pies es real. ¡Lo que daría por un masaje!

—Y lo de hacernos una foto con The Rocks, ¿cómo lo veis?

¡Claro! La pregunta de Eva me hace olvidar que tengo los pies destrozados. ¿Cómo no lo he pensado antes? Bueno, la verdad es que no me ha dado tiempo. El señor mánager de las narices se los ha llevado en el momento en que el director ha acabado de decir «¡Corten!». ¡Argh!

Lourdes reaparece en el set con una botella de agua en la mano.

—Chicos, no hay problema. Podéis subir la foto a redes. De hecho, el community de The Rocks ha estado compartiendo contenido del rodaje en los diversos perfiles del grupo, así que no vamos a reventar ninguna exclusiva con vuestra foto. ¡Vía libre!

—Hablando de The Rocks... —le comento—, ¿tú crees que podríamos hacernos una foto con ellos? Somos taaan fans...

—Habla por ti, bonita, que yo estoy aquí por el viaje a Londres gratis —replica Manu.

—Calladito estás más guapo —le suelto mientras le saco la lengua y le dirijo una mirada asesina.

—Pufff... me parece que la cosa está un poco complicada. Tengo que confirmarlo, pero juraría que ya se han ido.

¿Qué? No puede ser, esto debe de ser una broma. ¿Que The Rocks se han ido? ¿Adónde? Pero ¿no se suponía que teníamos que conocerlos? ¡Como no los vea me muero! ¡¡¡ME-MUE-RO!!!

—Déjame preguntar —dice Lourdes al ver mi cara de pánico.

—*Hey, guys, are you ready to leave?*

¡Argh! Juliette ya está aquí. La verdad es que me había olvidado de ella, no la he visto durante todo el rodaje. Ya podría haberse quedado escondida allá donde quiera que estuviese, ¿no?

—*We want a picture with the band* —le informo antes de que nos mande a recoger nuestras cosas.

—*Oh, darling, I'm so sorry... The band just left!*

Tocada y hundida. Mis esperanzas de hacerme una foto junto a The Rocks se acaban de desvanecer. Me siento decepcionada y a la vez un poco estafada porque, según las bases del concurso, íbamos a poder conocer al grupo. Y sí, los hemos conocido pero nos hemos pasado siete horas bailando detrás de ellos sin apenas poder interaccionar con los miembros de la banda. Que sí, que sé que no es culpa de ellos y que estábamos trabajando, pero ¿tanto les costaba dejarnos cinco minutos para saludarlos de cerca y poder hacernos un selfi? **Me siento frustrada. Mucho.**

—*That's not fair!*

Me sorprendo al oír la voz de Eva quejándose. Normalmente no lo haría, pero creo que, después de todo lo que hemos vivido, hasta ella se siente decepcionada por quedarse sin conocer a The Rocks. Juliette no deja de disculparse y hasta le da la razón pero, por lo que pillo de su conversación, el mánager casi no les ha dado tiempo ni de ir al baño. ¡Este hombre es una pesadilla!

Cinco minutos después de la charla entre Eva y Juliette abandonamos la nave industrial donde hemos estado rodando nuestro primer videoclip. Lourdes nos ha traído unos sándwiches de la zona de catering aunque las mezclas que hacen los ingleses me dejan boquiabierta. ¿Aguacate con rábanos, tiras de pollo y mostaza? ¿Hola?

—El mío es de atún con cebolla picada, huevo duro y mayonesa. Vamos, los huevos rellenos de toda la vida que prepara mi abuela en Navidad —suelta Manu.

Mientras los demás siguen comentando las extrañas recetas de sus sándwiches, yo me entretengo con el móvil. ¿Qué habrá pasado en las redes? Abro Instagram y el cuadro de notificaciones se me dispara. ¡OMG! A ver, casi siempre gano seguidores pero que de repente tenga trescientos más me deja flipando. Es un poco raro teniendo en cuenta que no he subido ninguna foto desde ayer...

—¡Uaaala! ¡Acabo de ganar ciento cincuenta followers en Insta! —exclama María.

—¡Qué fuerte! Yo ciento veintitrés —comenta Eva.

Así que no soy la única. Empiezo a revisar la zona de notificaciones hasta que llego a una donde me han mencionado. ¡Es la foto que nos hemos hecho con Lourdes!

Me meto a ver de quién es el perfil que me ha mencionado y compruebo que es el de la propia Lourdes. Vale, ya lo entiendo. Ha usado #RocksVideo, el hashtag con el que han estado dando caña a las redes sociales desde el equipo de comunicación del grupo. Y como Lourdes nos ha etiquetado en la foto, los fans de la banda han empezado a seguirnos como si nosotros también fuésemos parte del grupo.

¡Quééé fuerte!

—Laura no dice nada porque para ella esto es algo normal... ¿verdad, estrella de las redes?

—Manu, eres taaan cansino... —le digo mientras le tiro una bola de papel de aluminio hecha con el envoltorio de mi sándwich.

—Pues esperad a ver esto —interviene Andrés—. Venid aquí.

Todos nos apretujamos al lado de Andrés para ver qué es lo que le llama tanto la atención en la pantalla de su móvil. ¡No me lo puedo creer!: el hashtag #BarefootRocks es TT mundial. **¡Mundial!** Andrés encuentra el hilo de donde viene. Desde la cuenta oficial de The Rocks han publicado un GIF de la banda que muestra el momento justo en que se quitan los zapatos. Un minuto después, publicaron una foto de los chicos tocando descalzos y parece que el fandom de The Rocks ha enloquecido tanto que han convertido en tendencia ese hashtag.

—Esto es increíble, el móvil no deja de vibrar —comenta Eva con cara de alucine.

—*I can't believe it!* —añade Katia, quien parece que pilla lo que decimos a pesar de no hablar español.

Por fin llegamos a la calle del hotel. Ahora toca subir a las habitaciones y recoger las maletas porque a las nueve y media de la noche sale nuestro vuelo. Cuando Juliette nos comenta el tiempo del que disponemos siento cómo el cansancio se apodera de mí y lo único en lo que pienso es en meterme en la cama. Bueno, tendré que conformarme con el asiento del avión.

—Pero ¿esto qué es?

La voz de María suena más excitada de lo normal. Está pegada al cristal de la furgoneta, y junto a ella se han colocado Manu, Andrés y Katia. Total, que no veo nada.

—¿Qué pasa? —pregunto intrigada.

—Pues que cualquiera diría que los One Direction se han vuelto a juntar y han decidido alojarse en nuestro hotel. ¡Hay más fans que en un concierto de Justin Bieber!

Me hago un hueco entre mis amigos y flipo con lo que veo: centenares de fans se agolpan a las puertas de nuestro hotel. La furgoneta se las ve y se las desea para aparcar, pero lo que me deja alucinada es lo que ocurre en cuanto el motor se para. La masa de fans se lanza hacia los cristales de nuestro vehículo y empieza a dar golpes sin parar. Me siento como los protas de *The Walking Dead* atrapados con los zombis hambrientos a su alrededor.

—*OK, guys, we've got to be fast* —nos indica Juliette.

Cuatro hombres de seguridad y tres botones del hotel han salido a nuestro encuentro y están haciendo un pasillo con sus cuerpos para que nosotros podamos bajarnos del vehículo y llegar hasta el edificio. No entiendo nada. En cuanto pongo un pie en la calle, un ruido ensordecedor invade mis oídos. Los gritos de los fans han aumentado y no entiendo la razón. ¿Es por las fotos en las que aparecemos en las redes sociales?

Entre codazos y empujones conseguimos llegar al hotel. En el momento en que se cierran las puertas el volumen de los gritos queda en un segundo plano. ¡Qué estrés!

—Decidme que esto no es por nosotros —dice Manu con cara de susto.

—Eso espero... No podría vivir así —admite Andrés.

—Pues a mí me han pegado un tirón de pelo que he visto Júpiter —se lamenta María.

De repente un grupo de seis hombres de casi dos metros de alto se mueve a toda prisa por la recepción. Mis ojos van de un lado a otro sin comprender lo que está pasando. Y entonces, lo veo. Jack está aquí.

—¡Que son The Rocks! —exclama Eva sobresaltada.

Todo ocurre tan rápido que no tengo tiempo de reaccionar. El grupo aparece por una puerta de servicio, los hombres grandullones les abren el paso entre la multitud y ellos salen escoltados y a toda prisa camino a su furgoneta. ¡Por eso estaban todos esos fans en el hotel! Me doy cuenta enseguida de que los chicos están más que acostumbrados a escenas como esta. Saben perfectamente lo que tienen que hacer. No tardan nada en ponerse uno tras otro y en dejarse guiar por el segurata que encabeza la fila que han formado. Otros dos gorilas se ponen en los laterales y uno más al final de la cola, justo detrás de Jack.

—Pero ¿qué hacen aquí? —inquiere María.

Yo tampoco lo entiendo. Aunque eso deja de importarme en el preciso instante en que Jack se ajusta la mochila y vuelve su cabeza hacia donde estamos nosotros. Sus ojos se cruzan con los míos y

WE ♡ U
JACK
REBEL
JACK
MARRY
ME

siento que mi temperatura corporal aumenta. Esa mirada me mata. Y muerta me quedo cuando veo que levanta la mano y me saluda a modo de despedida. ¡Que alguien me sujete o me caigo al suelo ya!

—¿Lo has visto? —pregunta María superexcitada—. ¡Ha dicho adiós! ¡Nos ha dicho adiós con la mano!

Sí. Jack, el amor de mi vida y mi mayor ídolo, acaba de despedirse de nosotros, o tal vez de mí. Porque en mi interior he sentido como si ese gesto y esa mirada fuesen dirigidos solo a mí. Esa conexión, esa electricidad al unirse nuestros ojos... He vuelto a sentirlo, la misma sensación que cuando chocamos en el pasillo la primera vez. Sin embargo, me callo y me guardo esos sentimientos para mí. Puede que solo me lo esté imaginando... o puede que no. Nunca lo sabré.

CAPÍTULO 16 ♥ El sueño se acaba

Domingo, 13 de noviembre. 19.00 horas

«I overdosed. Should've known your love was a game. Now I can't get you out of my brain. Oh, it's such a shame... We don't talk anymore, we don't talk anymore, we don't talk anymore like we used to do...»

Mi mente se ha perdido bajo el influjo de la voz de Selena Gomez y Charlie Puth, y lo cierto es que tengo la sensación de estar protagonizando mi propio videoclip. Voy sentada en la furgoneta junto a la ventanilla y por mi lado no dejan de pasar hileras de árboles y de casitas de planta baja, con sus jardines traseros y sus chimeneas humeantes: la típica estampa de las poblaciones inglesas, vaya. Las afueras de Londres me dejan impactada porque no tienen nada que ver con los pueblos que hay cerca de Almería. Aquí los barrios y las construcciones son muy distintos, y si hay algo que me ha llamado la atención de esta ciudad es que la gran mayoría de los edificios, incluso en el centro, son bastante bajos. ¿Tendrá algo que ver la falta de sol que suelen padecer?

Desde que hemos salido del hotel los ánimos se han relajado tanto que tengo la sensación de que voy sola en el vehículo. Cada

uno de nosotros se ha sentado por separado y, por lo que veo, Eva y Andrés se han quedado totalmente fritos. Tengo la impresión de que Manu también, pero como lleva la visera de la gorra tan bajada no puedo verle la cara desde mi sitio. ¡Cómo molaría un robado suyo dormido y con la boca abierta! Katia, por su parte, se ha tenido que ir con sus compañeras en otro coche. Nos veremos en el aeropuerto antes de irnos cada una hacia su puerta de embarque, pero no puedo evitar sentir un poco de angustia por ella. Fijo que ninguna de esas brujas le habla y todo por haber hecho lo correcto. Espero que en cuanto ponga un pie en Italia las mande a paseo.

María es la única que sigue activa, enganchada como siempre a su móvil. Como la tengo sentada delante, estiro un poco el cuello para cotillear qué es lo que está haciendo.

—Fuerte, ¿eh? —le digo al verla buceando por Instagram.

—Ay, Lau, ¡qué susto! Pensaba que estabas sobada...

—Uy, perdona —me disculpo tapándome la boca—. Qué va, voy de relax escuchando música.

—Estoy flipando con lo que ha pasado. ¿Sabes que tengo cincuenta y cuatro privados solo en Instagram? En serio, no sé cómo tú no te agobias... ¿Qué hago, les respondo a todos?

—Ja, ja, ja, bienvenida al mundo de los influencers. Bueno, depende. Yo intento responder a todo el mundo, pero lo mío es distinto porque normalmente son fans, gente que te pide consejos para hacer vídeos o que te dice lo mucho que le gustas. ¿A ti qué te dicen en estos privados?

—Teniendo en cuenta que la mayoría son en inglés y que yo lo llevo fatal, no me entero mucho. Mira.

María me pasa su móvil con la pestaña de los mensajes privados abierta y lo primero en lo que me fijo es que casi todas las remitentes son chicas. Normal, el noventa por ciento de los fans de The Rocks son de género femenino, así que no me sorprende. Veamos a ver qué ponen...

—«María, te amo mucho. Has estado con The Rocks y has respirado el mismo aire que ellos, ¿cómo huele Robbie?» —traduzco mientras leo—. Firmado: una tal Ashley con nueve emojis de corazones. Ja, ja, ja, no veas cómo van las inglesas...

—Vale, están peor que nosotras... ¿Que a qué huele Robbie?

—¡Ojalá lo supiéramos! Si no nos hemos podido ni acercar...

—Ya ves... Por cierto, a mí Robbie me ha parecido muy mono —confiesa María y no puede evitar que se le escape una sonrisita picarona.

—Uy, uy, uy, espera que te lea este. «Hola, ¿eres la novia de Jack? Le gustan las morenas como tú. ¿Estáis saliendo? ¿Besa bien?»

—¿En seriooo?

—Ja, ja, ja, la chica curiosa se llama Becka y su foto de perfil es ella besando un póster de Jack. ¡No te digo más!

—Vale, *stop* —me pide a la vez que hace la señal con las manos de tiempo muerto—. Deja de leerme los mensajes, que visto lo visto prefiero no enterarme de lo que dicen... Recuérdame que nunca me haga famosa, que paso de tener acosadores así...

—No exageres... Por lo general **los fans son geniales**, te lo digo yo. Siempre hay algún hater que te critica por algo pero, a no ser que yo haya hecho alguna cosa que le haya ofendido, paso totalmente. Prefiero quedarme con las cosas buenas que te dice la gente, eso es lo que da sentido a todo el esfuerzo que pongo cuando subo mis vídeos.

—Bueno... prefiero seguir siendo la amiga de la famosa que la famosa en sí. ¡Te cedo toda la atención!

Nos echamos a reír y le devuelvo el móvil para que siga cotilleando la cantidad de likes y seguidores que se le van sumando. Y es que The Rocks son unos auténticos cracks, así que no me extraña que se haya liado una tan gorda con el rodaje del videoclip.

Me acomodo de nuevo en mi asiento y sigo con mi lista «Calm Down» de Spotify. A los veinte minutos la furgoneta toma un desvío y me fijo en que los carteles de la carretera indican que ya llegamos al aeropuerto. Esto se acaba...

—¡Vaya siestón! —exclama Andrés al bajar de la furgoneta.

—Buf, yo lo necesitaba... ¿Cómo puedo estar tan cansada? —comenta Eva.

Recogemos nuestras maletas y nos reunimos con el resto de los participantes. Juliette se encarga de juntarnos como si fuésemos un rebaño de ovejas. Mi mirada se pierde entre todos ellos buscando a Katia. ¡Ahí está! Ha bajado la primera de la furgoneta que acaba de aparcar y en cuanto sale al exterior, su mirada se cruza con la mía. Nos fundimos en un abrazo y cuando me separo de ella me doy cuenta de que está sonriendo. No sé cómo explicarlo, pero tengo la sensación de que hay algo distinto en ella. Esperaba encontrármela con la cara triste por alguna movida con sus compañeras pero, sin embargo, la veo... la veo feliz.

—*Thank you, Laura. I feel great and it's because of you.*

—*Me?* —exclamo con cara de no entender.

—*Yes, you. You gave me the chance to dance with you and The Rocks. I will never forget it. You are a good friend.*

—Katia —le digo arrastrando las palabras y volviendo a abrazarla—, *you deserved it. Is everything OK with your friends?*

—*My what?* —pregunta con fingida indignación—. *They are NOT my friends anymore. They have never been... and I don't care!*

Su cara de rechazo me hace estallar en una carcajada. Me alegro de que se sienta tan bien y de que se haya dado cuenta de que esas tipejas no son sus amigas. Un buen amigo jamás te obligaría a hacer algo en contra de tus principios, y lo que las italianas hicieron con Katia fue muy muy feo.

Katia se vuelve a disculpar con el resto del grupo y los seis nos abrazamos a la vez, nos damos besos y nos intercambiamos móviles y redes sociales. Un último selfi todos juntos antes de separarnos sella la despedida de Katia. **¡Qué pena que vivamos tan lejos!** Aunque ya nos ha dicho que estamos invitados cuando queramos a Roma, ciudad donde vive, y a su casa de Amalfi (que por lo que he visto en Google es megabonito).

Juliette se acerca a nosotros y nos indica que nuestra puerta de embarque es la B75. Ahora llega el momento de despedirnos de ella y hasta me da un poquito de pena. La mujer tiene cara de cansada y ahora que ya ha terminado todo el follón, parece que incluso sabe sonreír. Me quedo de piedra cuando me abraza a modo de despedida. ¡Al final va a resultar que hasta nos ha cogido cariño!

—Chicos, deberíamos ir tirando si no queremos llegar tarde al embarque. Que los ingleses y la puntualidad son otro rollo —nos advierte Manu.

—Bueeeno, Manu el mandón ha vuelto a la carga —replica María a modo de burla.

—Es lo que tiene ser el líder del grupo —responde fanfarrón.

—¿El qué? —exclamamos las tres al unísono.

Entramos en el edificio riéndonos de Manu y enseguida nos damos cuenta de que estamos un poco perdidos. ¡Qué grande es este aeropuerto! ¡Y cuántas puertas! Por fin nos ubicamos y después de pasar el control de seguridad emprendemos nuestro camino hacia la puerta B75. En mitad del trayecto nos paramos en el local de una cadena de cafeterías que está por todo Londres para comprarnos unas chocolatinas y unas botellas de agua. Aún nos queda un ratito para llegar a España y con lo cara que es la comida en el avión, mejor hacernos con unas provisiones antes.

♥

—Pero ¿qué hora es? —pregunta María al ver la cola que se ha formado delante de la B75.

—Las ocho y media —contesta Andrés.

—¿Y ya están haciendo cola? Estos ingleses son más raros...

—Pues yo paso de estar tanto rato de pie.

Y en cuanto lo dice, Manu se pone cómodo en los asientos que tenemos delante y apoya las piernas en su maleta. El resto hacemos lo mismo y aprovechamos para trastear con el móvil antes de tener que apagarlo.

M Cariño, todo bien?

Sí, mami Ya estamos en la puerta de embarque, en nada subimos al avión L

M Habéis cenado?

Hemos comprado algunas cosillas, pero es que hemos comido muy tarde y no tenemos mucha hambre L

M Vale. Saldremos hacia el aeropuerto dentro de un rato

Guay. Estoy taaan cansada... L

M Me lo imagino. Lo habéis pasado bien?

Sííí. Pero ya te contaré, nos ha pasado de todo L

M De todo? con la boca abierta y las manos en las mejillas

Tranquila, de todo pero legal jajaja L

M Bueno, luego me cuentas. Intenta descansar en el avión, que mañana hay clase

Gracias por recordármelo L

M Un trato es un trato

Ya lo sé. No te preocupes que en cuanto llegue me convertiré en la prisionera de los libros L

M Así me gusta, que seas cumplidora .
Que tengáis buen vuelo. Un besito

Te quiero, mamiii. L

Con solo pensar en lo que me espera al llegar a Almería me deprimo. Dos semanas de encierro estudiantil y sin acceso a las redes sociales. ¡Horror! Pero mamá tiene razón: es lo justo. Ella me ha dejado venir a Londres y yo debo cumplir con mi parte del trato. Y aunque ahora se me va a hacer cuesta arriba, volvería a hacerlo mil veces más. Sin duda, esta ha sido una gran aventura que no vamos a olvidar jamás.

Una mano fría se posa sobre la mía. Abro los ojos de golpe. Es María, que ha querido despertarme de forma delicada para decirme que ya vamos a aterrizar y casi me mata del susto. Pero ¿en qué nevera ha estado metida?

—¡Estás helada!

—¡Ya lo sé! El aire que tengo encima de mi asiento está atascado y no he podido pararlo. Me siento como un pingüino.

El avión ha iniciado su descenso y ya puedo ver las lucecitas de las casas de Almería desde mi ventana. Tal como me senté en el asiento me quedé sobada. No me he enterado de nada, ni del despegue ni de cuando las azafatas han pasado con los carritos ofreciendo comida. ¡Qué bien me ha venido esta cabezadita!

El avión aterriza suavemente y los pasajeros estallan en un aplauso espontáneo al que nosotros también nos unimos. Ya estamos en tierra firme con lo que, oficialmente, nuestro viaje a Londres ha terminado. ¡Quiero volver!

—¿Qué, Laurita? Bien de sueño, ¿eh?

—En serio, Manu, ¿tan aburrida es tu vida como para que te pases el rato pendiente de mí?

Se queda un poco descolocado con mi respuesta y no entiendo por qué. Pero lo olvido rápidamente porque me toca recoger mi maleta y salir del avión. Los cinco caminamos arrastrando los pies pero con cara de satisfechos. No cabe duda de que estamos agotados pero, en realidad, nos da igual.

La puerta de llegadas se abre y las caras de nuestros padres nos reciben con una alegría que se contagia. Cada uno de nosotros se abraza a los suyos mientras respondemos con monosílabos a los miles de preguntas que nos lanzan: «¿Ha ido bien el vuelo?», «¿Habéis comido bien?», «¿Os ha llovido mucho?»... En fin, cosas de padres.

—¡Mi niña! —La voz inconfundible de mi abuela aparece por mi espalda. Me abrazo a ella y aspiro su aroma de flores, el mismo de siempre, y de repente vuelvo a tener cinco años. ¡Cómo la quiero!

—¡Sabía que lo conseguiríais! ¿Tengo o no tengo a la mejor nieta del mundo? ¡Si es que eres una artista!

—¿Lo has visto, abuela?

—Pero ¿qué pregunta es esa? —interviene mi madre—. La abuela nos ha mantenido informados de cada uno de vuestros pasos. Por cierto, ¿cómo es que bailasteis sin zapatos delante del jurado?

—Uy, mamá... Es una historia muuuy larga que ya te contaré con calma...

—Lo habéis hecho muy bien —sentencia mi abuela— y estabais guapísimos en el rodaje. ¿Qué tal con Jack? —me dice dándome un codazo.

—Ay, abuela, es taaan guapo... Aunque casi no he podido verlo... Las cosas no han sido tan fáciles como creíamos...

—Bueno, las cosas que valen la pena nunca lo son. Y si ese chico y tú tenéis que conoceros algún día, pasará. La vida da muchas sorpresas...

—¡Ojalá! Es tan... tan... increíble... ¡Y tiene unos ojos!

—Ja, ja, ja, a eso se le llama amor, cariño...Y estoy segura de que él también se ha fijado en ti, ya lo verás. El colgante te habrá ayudado, créeme...

«El colgante.» Un nudo se instala en mi estómago y bajo la mirada. Mi abuela se ha vuelto para comentarle algo a mi madre y no se da cuenta de mi cambio de expresión. ¿Cómo decirle a mi abuela que ya no tengo el colgante que durante generaciones ha pertenecido a nuestra familia? Ahora no me siento con fuerzas para hacerlo. Mejor me espero hasta que reúna algo de valor para contárselo.

CAPÍTULO 17 ♥ Mensaje inesperado

Viernes, 2 de diciembre.
15.00 horas

RIIING.

Libre.

Por fin soy L-I-B-R-E.

El timbre indica que por fin hemos terminado el último examen y que voy a poder alejarme de los libros unos días. ¡Ueee! Después de los días que llevo, no creo que hubiese aguantado otra semana de encierro hincando codos.

—¿Qué resultado os ha dado el problema tres? —pregunta María en cuanto nos reunimos.

—Ufff... esa me la he inventado.

—Ja, ja, olé Manu, por probar que no quede... —dice Andrés.

—Oye, alguna probabilidad de acertar tengo, ¿no?

—Sí, sí, alguna tienes... minúscula pero la tienes... Laura, ¿estás bien?

María me lanza la pregunta y todos se quedan parados mirándome. Me duele la cabeza. Creo que tantos días estudiando me han dejado el cerebro refrito. ¿Me estará saliendo humo por las orejas?

—Me duele un poco la cabeza, ¿salimos a que nos dé el aire?

Con la mochila aún a medio colocar salimos del aula y ponemos rumbo a la calle. El viento fresco me sienta de maravilla y hasta cierro los ojos un momento para dejar que la brisa me acaricie el rostro. Seguro que el dolor se me pasa enseguida.

—¿Mejor? —me dice Manu con un tono de preocupación al que no me tiene acostumbrada. Incluso me ha colocado la mano en el hombro.

—Sí, sí... Mucho mejor.

Le dedico una sonrisa y él aparta su mano de mí a toda prisa. ¡Ni que le hubiera dado la corriente!

—Bueno, chicos... Yo no me puedo entretener mucho, que mis padres me esperan para comer a toda prisa y salir a casa de mis tíos. ¡Interminables kilómetros en coche, qué planazo!

—Vamos, Andrés, no te quejes, que Madrid mola mil... ¡Te lo vas a pasar genial! —lo anima Eva.

—Sí, si Madrid está genial, lo que no mola tanto es que mi padre ponga a Julio Iglesias a tope... ¡Ni con los auriculares consigo aislarme!

Todos estallamos en una carcajada imaginándonos al pobre de Andrés sometido a la tortura de canciones pasadas de moda. La verdad es que no le envidio. Nos despedimos de él y luego emprendemos el camino hacia casa.

—Bueno, Laura, por fin vas a volver a sentirte una diva, ¿eh?

—¿Eing? —contesto a Manu.

—Que ahora que ya hemos terminado los exámenes vas a recuperar tu móvil y vas a poder volver a ser la superinfluencer molona y con notificaciones a petar, ¿no?

—Aaay, ¡mira que eres pesado, ¿eh?!

—Pero ¡si es la verdad!

—Pues mira, lo que más me alegra de haber terminado los exámenes es de que ahora vienen unos días de puente y por fin voy a poder descansar de ti. ¡Que me tienes hartita!

Un rato después Manu y María se despiden de Eva y de mí.

—Estarás ansiosa, ¿no? —me pregunta Eva.

—¿Ansiosa?

—Dos semanas sin móvil es mucho... ¡y más después de la que se lio en Londres! ¿Sabes que yo sigo aumentando de seguidores?

—Buah, es que **ha sido todo tan fuerte**... Parece que lo hayamos soñado, ¿verdad?

Las dos nos quedamos en silencio mientras avanzamos por la calle, cada una sumergida en sus pensamientos. Sonrío al visualizarme de nuevo en aquel plató, bailando con los pies descalzos y mojándome con el agua que habían tirado a modo de lluvia. Un escalofrío me recorre el cuerpo cuando mi mente dibuja a Jack. ¡Qué guapo!

—Bueno, si quieres quedar el domingo para ir al cine o algo, yo estoy libre.

—Aún no sé si iremos a casa de mis abuelos, pero te confirmo por WhatsApp, ¿vale? —respondo.

Eva y yo nos damos un abrazo y cada una se dirige a su casa. Me pongo los auriculares para disfrutar de algo de música durante los diez minutos que aún me quedan de recorrido. Cómo no, The Rocks empiezan a sonar en mi lista de reproducción. Mi mente vuelve a volar a Londres, a aquel primer encuentro que tuve con Jack. ¡No sé cómo no me dio un ataque al corazón cuando choqué con él! Sus ojos son increíblemente más bonitos en persona que en los pósteres, pero lo que no consigo quitarme de la cabeza es aquella extraña conexión que sentí cuando nos miramos fijamente o al pillarlo detrás de las cortinas cuando estábamos bailando ante el jurado. Buah, es que si lo pienso bien... ¡no me lo creo! No solo he viajado a Londres con mis mejores amigos, sino que he ganado un concurso que me ha permitido salir en el videoclip de mis ídolos. ¡Soy tan afortunada...!

Llego a casa y dejo la mochila en mi cuarto mientras me quito los auriculares.

—¿Qué tal el último examen? —pregunta mi madre.

—Bastante bien... Al final me dolía la cabeza de tanto calcular, pero lo apruebo seguro. ¡Al fin soy libre!

—¡Me alegro mucho, cariño!

—Bueno... creo que me debes algo —le digo mientras extiendo la palma de la mano y muevo los ojos en círculos.

—Ya estabas tardando en pedírmelo... ¡Anda, toma tu móvil!

—¡Gracias, mami!

— Comemos en diez minutos...

—Sí, sí, voy al cuarto y vuelvo.

Le doy un montón de besos en la mejilla y enciendo el aparato de camino a mi habitación. Mi mano empieza a vibrar sin compasión en el momento en que empiezan a llegar las notificaciones de todas las apps. ¡Voy a necesitar un mes para ponerme al día!

E Ya sé que estás sin móvil, pero cuando lo recuperes avísameee. ¡Necesito los detalles del viaje!

E [Foto] Oye, me explicas qué significa esto?

La imagen que me había enviado mi amiga fue tomada en el momento en que llegamos al hotel después del rodaje y los fans de The Rocks casi nos aplastan. Se nos ve a nosotros bajando de la furgo y a un montón de gente intentando tocarnos. **¡Parecemos unos auténticos ídolos!**

En Twitter las notificaciones superan el centenar. Cuando entro en Instagram y compruebo que me han empezado a seguir 785 personas mis ojos se abren como platos. ¡Toma ya! Y los privados... ¡madre mía! 167 solicitudes de mensajes. Vale, no pienso abrirlas ahora porque el pollo al horno de mi madre me espera, pero voy a tener una tarde entretenida. ¡Y yo que quería ensayar un baile con la canción de David Bisbal y JLo para subirla a Musical.ly!

—Mejor mañana, Laura —digo para mí misma en voz alta.

Vuelvo a la pestaña donde aparecen los privados de la gente a la que sigo. Bueno, por suerte el número no agobia tanto: 52. Vamos, leo unos cuantos hasta que mamá me avise para comer. La mayoría nos felicitan por haber ganado el concurso y por lo guay que ha quedado la...

—¡¡¡¿Quééé?!!!

No puedo evitar alzar la voz. Mi ojos se abren como si se me fueran a salir de la cara y mi dedo pulgar se mueve por la pantalla en sentido contrario a como lo estaba haciendo. Se detiene ante el mensaje privado en el que aparece el tick de verificación color azul y cuando leo una, dos y tres veces el nombre de la persona que me ha escrito, mi mano comienza a temblar. **¡Es Jack!**

«Vale, Laura, respira... respira...»

Me pongo a dar vueltas por la habitación mientras resoplo y me sujeto el pelo en una coleta. Me lo vuelvo a soltar. Me lo vuelvo a sujetar. Me abanico con la mano. Me siento en la cama. Vale, ya. ¡Me ha escrito Jack! Ahora debería abrir el mensaje, ¿no? Pero no sé por qué razón me he quedado paralizada y siento un poco de miedo. ¿Qué me debe decir? Sí, sí, ya sé que es tan fácil como abrir el privado y leerlo pero... ¡es que no me atrevo!

«Vamos, Laura... Una, dos y...»

Me detengo antes de llegar al tres. Necesito hacer un pantallazo para que la imagen de un privado sin leer de Jack quede plasmada para siempre. ¡Menudo momento fan que estoy teniendo! Y no es para menos... ¡Me acaba de escribir mi ídolo! Bueno, en realidad me escribió hace... ¡diez días! ¡Dios mío! ¿Y si me preguntaba algo? Ahora pensará que soy una borde porque me he tirado más de una semana sin decir ni mu... ¡Malditos exámenes!

THE Rocks

Bueno, tal vez tan solo sea un mensaje de cortesía por haber salido en su vídeo. Sí, sí, eso es lo más probable... Es más, fijo que ni siquiera lo ha escrito él y ha sido el community manager el que nos ha enviado un privado a todos. Claro. ¿Cómo va a escribirme un mensaje **SOLO** a mí? «Laura, deja de flipar tú sola, anda...»

—Vamos allá...

Lo digo en voz alta para envalentonarme, pero tengo la sensación de que cuando ponga el dedo sobre el mensaje el móvil me va a explotar en la cara. En fin, tendré que arriesgarme... ¡Todo sea por Jack!

Spanish girl! I finally found U! Did you get home safe? I just wanted to thank you again for dancing in our music video... You guys killed it! You're so talented I wish I could dance like you.

Lo leo una, dos, tres, cuatro... No sé cuántas veces he leído el mensaje en un minuto pero creo que ya me lo sé de memoria. ¿Y ahora qué hago? Está claro que lo ha escrito él, ¿no? Es decir, que no ha sido nadie de su equipo. ¡Qué majo es! Buf, me está temblando todo el cuerpo... Se supone que debo contestarle, ¿no?

Hey! How are you? Thank you very much, you're so kind. The pleasure was ours, we enjoyed a lot dancing in your video. And I love the song!

Es una buena respuesta, ¿no? Quiero decir, que no parezco una friki fan y además le doy las gracias. Bueno, tal vez eso de que me encanta la canción sobraba... ¡Se me ha visto el plumero! Releo mi respuesta unas cuantas veces más y en mi mente no dejan de aparecer nuevas versiones infinitamente mejores que la que he mandado. Pero el texto ya está mandado, así que ya no hay nada que... ¡Un momento! ¡Jack está escribiendo!

—¡Lauraaa, a comer!

La voz de mi madre se cuela por la puerta y yo estoy tan petrificada que no muevo ni una pestaña.

—¡Voy!

Mentira podrida. No he movido ni un músculo del cuerpo. Sigo sentada en la cama viendo cómo los puntitos del privado indican que Jack está respondiendo a mi mensaje. ¡Me mueroooo!

Glad to know it! I thought you were mad at me... I'm happy you replied :—P

¡Venga ya! Esto es una broma. O sea, que como he tardado diez días en responder, ¿pensaba que estaba enfadada? ¿Que Jack, líder de The Rocks, con 65 millones de seguidores en Instagram, estaba esperando a que YO, Laura López, de Almería y estudiante de bachillerato, le respondiera un mensaje? ¡Imposible!

Mad? No! I had exams... :S

Fin del glamour. ¿Cómo le he respondido eso? Un tipo que se dedica a viajar por el mundo y a llenar estadios, y yo hablándole de mis exámenes. ¡Solo me falta mencionarle a La Espeto! Olé, Laura, vaya FAIL más grande.

Oh, really? I'm sure you'll pass them!

—¡Laura, o vienes o te quedas sin móvil otras dos semanas!

—¡Ya voy, mamá, un segundo!

Si supiera con quién estoy hablando dejaría que el pollo se enfriara nivel Elsa de *Frozen*. Compruebo que Jack sigue escribiendo pero tarda mucho en mandar su respuesta... ¿Qué será?

I was waiting for your answer because I wanted to show you something. As I said, I am really thankful for you and your friends dancing for us and... I think this belongs to you.

Cuando termino de leer lo que me ha escrito y veo una miniatura indicando que me acaba de mandar una foto creo que el corazón se me va a salir por la boca. No hay nada que pueda superar

este momento de conversación privada con Jack, pero cuando abro el archivo y veo su mano sujetando el colgante de mi abuela, mi mente se nubla por completo. **¿Qué hace ÉL con eso?** Me quedo petrificada observando la imagen al detalle para convencerme de que ese es el collar que empeñé en Londres. No cabe duda. Lo es. El móvil vuelve a vibrar. Otro mensaje de Jack que me deja sin aliento.

Could I give it back to you?

¿Qué se supone que debo responder? Mi madre vuelve a llamarme pero en mi mente tan solo hay una cosa: los ojos verdes de Jack. Tengo que volver a verlo. Como sea.

AGRADECIMIENTOS

Antes de nada, quisiera dar las gracias a todas las personas que han hecho posible este libro, a todos los que me han apoyado y comprendido de una manera tan incondicional desde mis videos hasta mis mayores tonterías. Desde el minuto cero. Sin vuestra ayuda, no lo podría haber conseguido.

Escribo estas líneas emocionada al ver la gran familia que hemos creado. Sí, todos vosotros, mis seguidores, sois parte de mí.

Para seguir avanzando, quiero agradecerles (y mucho) el apoyo a mi familia.

Mamá, gracias por creer en mí, por tu amor, paciencia y constancia, por darme la vida y todo tu sacrificio, por ayudarme a perseguir mi sueño, porque gran parte de lo que soy es gracias a ti y a papá.

Papá, tú sabes más que nadie todas las horas que hay detrás de un buen video. Gracias por soportarme durante los largos ratos que paso haciendo mis fotos de Instagram y los musical.lys. Gracias por tu infinita paciencia, por aguantarme cuando ni yo lo hago.

Gracias a los dos por inculcarme mis valores y por enseñarme a hacer las cosas desde el corazón. Sin vosotros no estaría cumpliendo mi sueño.

Gracias a mi hermano Andrés, que durante los inicios me demostró que era posible conseguir divertir a la par que inspirar a mis seguidores, por despertar en mí este lado creativo.

A mis amigas María y Eva, gracias por todas las historias que hemos compartido en este libro y fuera de él.

María, gracias por ver en mí lo que ni siquiera yo veía, por enseñarme a ver las cosas desde otra perspectiva, por ser de las primeras en alegrarte de todos mis triunfos, por todas las risas compartidas y por dar todo de ti sin esperar nada a cambio.

A mi alma gemela Eva, gracias por acompañarme en los momentos buenos y en los malos, por tu transparencia, por entenderme con una sola mirada, por las casualidades, por estar siempre cerca y cargada de buenos consejos.

Vosotras me habéis enseñado que «la vida es escalar, pero la vista es genial». Gracias por estar siempre ahí.

Dicen que no es mejor profesor el que más sabe, sino el que mejor enseña. Si están leyendo esto, quería decirles que ustedes me han enseñado mucho. María González, Enrique Capilla y Juani Núñez, Fernando Cantón, Miguel Sánchez y Lisardo Padilla, que sepáis que vuestras enseñanzas han dejado una gran huella en mi interior. Gracias por darme algo que nadie podrá quitarme: educación. Gracias por vuestra paciencia y por hacer de mí alguien mejor.

Y, por último, gracias a todos vosotros, mis seguidores. Ojalá supiera todos vuestros nombres, el de cada persona que está leyendo esto, para poder daros las gracias a cada uno. No habría sido capaz de llegar hasta aquí sin vuestra ayuda. Contáis con mi más sincero agradecimiento y espero conoceros algún día. Gracias por compartir conmigo vuestra sonrisa más sincera, os admiro. Gracias por la constancia, paciencia e ilusión que me transmitís cuando esperáis a que suba mi próximo musical.ly. Mi pasión es compartir mis historias con todos vosotros y saber que tienes una segunda familia tan cariñosa es impagable.

Gracias a ti, que sostienes y lees este libro, y así le das vida a cada uno de los personajes.

¡Esto va por vosotros!